언제나, 노회찬 어록

# 언제나, 노회찬 어록

## 우리를 행복하게 한
## 그의 말들

강상구 지음

루아크

'포복절도飽腹絶盜'의 세상을 만들겠다는 말씀을 드립니다.

흔히 쓰는 포복抱腹과 달리 '가득 찰 포飽, 배 복腹'으로, 배를 가득 차게 만들고, 절도絶盜는 도둑을 근절하겠다는 의미입니다.

민생을 챙기고 세금 도둑, 양심 도둑을 근절하겠습니다.

°2018년 1월 1일 정의당 신년인사회.


노회찬의 말을 들으면 통쾌했다. 억울하고 답답한 마음이 풀렸고 시원했다. 삶이 팍팍해도 웃을 수 있게 만드는 힘, 그것이 노회찬의 힘이었다. 노회찬은 없지만 그가 했던 말들을 다시 보며 통쾌하게 웃자. 언제나 그는 우리 마음속에 있을 테니.

슬픔이 아니라 유쾌함과 행복함으로 그를 기억하자. 그러다 보면 세상을 바꿀 힘이 어느새 마음속에 가득 찰 것이다. '노회찬 어록'이 그 역할을 할 수 있기 바란다.

일 년을 노회찬의 말에 푹 빠져 살았다. 시간이 날 때마다 나도 모르게 노회찬 의원의 말들을 찾아보고 있었다. 새벽에 일어나면 물 한 잔 마시고는 몇 시간씩 그랬던 날이 많다.

처음에는 이미 알려진 유명한 말들을 찾았다. 유튜브에 들어가 영상을 보기도 했고, '노회찬 어록'으로 검색되는 기사들을 읽기도 했다. 그럴수록 점점 깊이 빠져들었다. 그러다가 노회찬 의원의 모든 책과 트위터, 블로그, 정의당 홈페이지에 남긴 글까지 최선을 다해 살피게 되었고, 그렇게 '어록'을 하나하나 모아두었다.

새삼 노회찬 의원의 면모가 보였다. 역시 그는 유쾌했다. 촌철살인의 말 때문에 새벽 내내 낄낄거렸다. 정치를 재미있게 만든 그의 위력이 다시금 느껴졌다. 머리를 조아렸다.

노회찬 어록에는 촌철살인만 있는 게 아니다. 깊은 고민을 안겨주는 말도 있고, 평범한 삶을 살아가는 생활인으로서의 말도 있다. 알려진 말도 꽤 되지만 그렇지 않은 말이 사실 훨씬 많다. 알려진 말들은 그저 모으고 분류해놓아야 할 것 같았고, 알려지지 않은 말들은 다시 살려야겠다 생각했다.

400개 가까운 말을 골랐다. 그중 100개에는 노회찬 의원이 그 말을 하게 된 배경과 필자의 감상을 담았다. 나머지는 분야별로 분류해 정리했다. 일 년 365일 언제나 노회찬 의원의 말이 독자들과 늘 함께하기를 바라는 마음이다.

1장 '옆집 아저씨 노회찬'에서는 노회찬 의원의 인간적 면모와 관련된 말들을 다루었다. 평범한 생활인 노회찬, 정치인 노회찬의 기쁨과 슬픔, 고민과 각오를 볼 수 있다.

2장 '투명인간의 친구 노회찬'에서는 언제나 가난한 서민과 차별받는 시민을 먼저 생각한 노회찬 의원의 철학이 담긴 말들을 만날 수 있다.

3장 '국민 사이다 노회찬'에서는 권력을 풍자하면서 국민의 마음을 시원하게 해주었던 촌철살인의 진수를 확인할 수 있다. 대통령부터 재벌까지 누구도 노회찬 의원의 공격을 피하지 못했다.

4장 '개혁 전도사 노회찬'에서는 정치개혁, 경제개혁, 사법개혁을 비롯해 복지, 평화, 성평등을 위한 노회찬 의원의 불굴의 노력을 접할 수 있다.

5장 '비전 제시자 노회찬'에서는 노회찬 의원의 진보정치에 대한 애정, 제1 야당 교체와 적폐청산의 의지, 정의당에 대한 기대와 대한민국을 나라다운 나라로 만들겠다는 꿈을 엿볼 수 있다.

많은 사람에게 노회찬 의원의 말은 한국 정치를 신랄하게 풍자하고 권력을 조롱하는 '사이다'였다. 한편으로 그의 말은 삶을 반추하게 만드는 말이었고, 대한민국의 미래를 상상하게 해주는 말이었다.

다시 말해 노회찬 어록은 품격 있는 정치 언어의 사례집이자 누군가에게는 인생의 지침서이며, 정치개혁의 안내서이자 신나는 정치 유머집일 테다. 뭐래도 상관없다.

한국 정치가 답답한가. 노회찬 어록을 펴자. 슬픈 일이 있을 때 노회찬 어록을 보며 위로받자. 스트레스에는 노회찬 어록이 딱이다. 삶이 무료할 때 노회찬 어록은 좋은 처방전이 될 것이다. 좋은 일이 있을 때 기쁜 마음을 함께할 친구는 노회찬 어록이다. 그러니까 언제나 노회찬 어록이다.

책을 쓰면서 한 가지 힘들었던 게 있다. 원고를 마무리할 즈음까지도 새로운 말들이 계속 나타난 것이다. 끝까지 최선을 다했지만 싣지 못한 말들이 많다. 노회찬 의원의 그 방대한 말을 빠짐없이 모은다는 게 애초부터 능력 밖의 일이었을지도 모른다. 추후 계속 보완해나가겠다.

노회찬 의원의 말과 글 중 혹시 잘못 옮긴 게 있다면 전적으로 필자의 책임이다.

노회찬 의원의 오랜 동료들 그리고 지금도 고생하고 계신 노회찬재단 구성원들께 감사드린다. 노회찬 의원의 꿈을 이어가고 있는 모든 분께 힘내시라고 말씀드린다. 말씀드릴 자격이 있는지 모르겠지만, 노회찬 의원의 평생 친구이자 동지, 김지선 님께 깊은 위로와 감사의 말을 전한다.

2019년

강상구

# 차례

## | 2장 | **투명인간의 친구 노회찬**

## |3장| 국민 사이다 노회찬

## | 4장 | 개혁 전도사 노회찬

## |5장| 비전 제시자 노회찬

# 1장

# 옆집 아저씨
# 노회찬

노회찬은 옆집 아저씨 같은 사람이었다.
국민과 똑같이 사는 생활인이었다.
그는 세상을 바꾸는 일을 하는 자신의
직업을 사랑했다. 초심을 잃지 않기
위해 노력했고, 좋은 사람이 되기 위해
애썼다. 음악과 문학, 영화, 요리, 낚시를
즐겼고, 머리카락과 얼굴에 대해 가끔
이야기했으며, 가난했고, 부모님을 무척
걱정했다. 노회찬보다 더 노회찬 같은
동반자 김지선 님과 오랜 시간 함께했다.
그가 많은 이의 사랑을 받을 수 있었던
것은 그의 말이 그의 삶과 같았고, 그의
삶이 국민의 삶을 닮았기 때문이다.

## 001 · 꽃

## 당대표는 (꽃다발) 세 개씩 주는
## 이런 불평등과 예산 낭비를
## 근절하겠습니다

2012년 10월 21일
진보정의당 창당대회 대표 수락 연설

진보정의당 대표로 선출된 노회찬 의원이 단상에 섰다. 대표 수락
연설이 시작됐다. 첫마디는 이랬다.

최고위원은 꽃다발 하나 주는데, 당대표는 세 개씩 주는 이런 불
평등과 예산 낭비를 근절하겠습니다.

폭소가 터졌다. '6411번 버스의 투명인간'을 말한 그 유명한 연설은
이렇게 시작했다.

성년이 되면서 나도 꽃을 좋아하게 되었다. 집을 나서면 나무와 꽃
이 잘 심긴 길이 나온다. 아무리 바쁘더라도 출근하면서 그 길을 지나

는데 심호흡을 크게 하고 나무들, 꽃들에 집중한다. 계절을 온전히 이때 느낀다. 이 길을 사시사철 오가면서 나는 내 생활의 가장 가까운 곳에서 가까이 봐야 예쁜 것들을 만끽한다. 2018년 3월 3일, 노회찬 의원은 트위터에 동백나무와 매화나무 사진을 찍어서 올린다.

겨울이 군림하던 산하에 봄이 달려오는 소리가 들립니다. 동백나무 꽃망울은 잠시 숨을 고르고 있고 매화나무 가지에는 이슬처럼 봄이 탱글탱글 맺혔습니다.

겨울을 좋아하는 입장에서 부정의가 주로 겨울로 묘사되는 게 아쉽지만 봄이 긴장이 풀리는 계절인 것만은 확실하다. 권력이 만든 삶의 긴장이 풀릴 때 '봄이 달려오는 소리' 말고 달리 묘사할 말도 없다.

다른 잡초들과 함께 해바라기는 자라고 있었고 그를 돌보는 사람은 7~8미터 떨어진 철창 속에서 하루 한 번, 5분가량만 밖으로 나올 수 있는 처지였다!

1990년대 초 청주교도소에서 노회찬 의원은 '겨울철 간식으로는 그만'이라는 말을 들으며 받은 해바라기씨를 후미진 화단에 심었다.

아침에 일어나 습관처럼 밖을 내다보니 한 뼘도 안 되는 어린 싹이 짓밟힌 형상으로 누워 있었다. 늘 걱정했던 대로 밤사이에 망루 근무 교대를 위해 지나가던 교도대원의 군화에 밟힌 것이다. 청개구리는 개울가에 어미를 묻고 비만 오면 울었다는데, 불안한 곳에 해바라기를 심은 나는 책을 보고 있다가도 바깥에서 인기척이 들리면 철창가로 달려가야 했다.[2]

나중에 이 해바라기는 다른 해바라기의 반에도 못 미치게 컸지만 꽃봉오리를 맺었고, 노회찬 의원은 거기서 씨앗을 얻었다. 만기 출소 후 그때 그 씨앗을 시골집에 심었다.

민주평화당과 정의당이 공동 교섭단체를 꾸린 2018년 4월 2일, 노회찬 의원은 두 당 의원들과 국회의장, 교섭단체 원내대표들에게 노란색 야생화 화분을 선물했다. 거기에는 "봄이 옵니다. 노회찬"이라고 적힌 작은 팻말이 꽂혀 있었다.

---

영어단어 2000개를 아는 것보다 나무, 풀 이름 200개를 알고 있는 것이 훨씬 값진 것이라고 맞장구쳤다.

°2004년 8월 31일 '난중일기'.
광릉수목원에서 "사람들이 식물 이름을 알게 하는 게
자연보호의 지름길일 수 있다"는 이유미 박사의 설명을 듣고.[3]

## 002 · 소원

# 그래, 네 머리가 벗겨지기 전에
# 좋은 세상이 올 거야

2005년 5월 6일
'난중일기'

2005년 5월, 노회찬의 '난중일기'에 기록된 내용이다. 노회찬 의원은 이날 공무원노조 원주시 지부의 초청으로 강연을 했다.

원주시 지부는 지난해 11월 공무원노조 파업 찬반투표 사태로 20명이 파면·해임당하는 등 모두 395명이 징계 처분을 당한 대량 살상극이 벌어진 현장이기도 하다. 지부장은 지금 감옥에 있고, 얼마 전 감옥에서 나온 도본부장이 따뜻하게 맞이한다.

노회찬 의원은 이곳에서 민주노동당 당원 몇 사람을 만났다. 횡성 민주노동당 준비위원회를 만들던 할아버지가 외손주와 함께 왔다. 외손주가 노회찬 대표의 머리를 자꾸 만지며 물었던 모양이다.

"머리가 왜 벗겨지셨어요?"

노회찬 의원은 의연했으나 손주 옆의 할아버지 당원은 미안해했다. 그때 노회찬 의원이 속으로 한 말은 이랬다.

그래, 네 머리가 벗겨지기 전에 좋은 세상이 올 거야.

'썰전'에서는 이런 이야기도 했다.

**노회찬**  헤어스타일 완전히 바뀌셨네.

**유시민**  오늘 내렸어요.

(중략)

**노회찬**  저는 헤어스타일 바꾸는 분들에 대해 굉장히 경계감을 갖고 있어요. 바꿀 만한 헤어가 있어야 되거든요. 스타일 바꾸려면 그만한 헤어를 가지고 있어야 되는데. 우리는 양적으로 주로 헤어를 따지기 때문에.

**김구라**  예전부터 뵀지만 유지는 좀 하시는 것 같은데, 급격히 나빠지지는 않는 것 같은데….

**노회찬**  그렇죠. 지속가능한 헤어, 굉장히 힘듭니다.[4]

제가 발언이 그렇게 길지도 않은데, 저는 길게 얘기를 못하거
든요. 길지도 않은데 그렇게 자르고…. 제 개인적인 소원은 제
가 사회를 보고 손 교수님을 토론자로 앉혀서 가차 없이….
그게 제 소원이었는데, 그런 날이 올지 모르겠습니다.

　˚2009년 11월 19일 〈MBC〉 '100분 토론'.
이날 마지막 '100분 토론'을 진행한 손석희 씨에 대해.
아이의 머리가 벗겨지기 전에 좋은 세상이 올 거라는 소원 말고도
노회찬 의원의 소원은 몇 가지 더 있었다.

내가 이거 평생 소원이었는데 처음 해본다.

　˚2018년 2월 27일 〈tvN〉 '달팽이 호텔'.
방송 참가자들과 함께 식사를 마친 뒤
슬레이트를 치겠다고 나서며.

## 003 · 얼굴

키는 저보다 크지만
얼굴은 저보다 작더군요,
쌤쌤입니다

2014년 9월 19일
트위터

'노유진의 정치카페'에서 '자기 삶에서 놓치고 지나친 대목들'을 얘기할 때였다.

**노회찬**　저는 오토바이를 타고 싶었어요. 속도를 내는 거죠. 그런데 자전거밖에 못 타봤어요. 기회가 없었죠.

**진중권**　노회찬 씨가 가죽바지 입고, 할리데이비슨 타면 멋질 것 같아요.

**유시민**　헬멧은 특수제작 해야 될 거 같아요. 대두…[5]

노회찬 의원은 어떤 대답을 했을까.

*그런 분들은 헬멧은 잘 안 쓰시고, 수건으로 머리를 동여매죠.*

기발한 논리다.

2014년 9월, 노회찬 의원은 임순례 감독이 만든 영화 〈제보자〉 시사회에 갔다. 2005년 황우석의 줄기세포 논문 조작 사건을 모티브로 만든 작품이었다. 사건 당시 민주노동당도 태풍의 한가운데에 있었다. 중앙당 당직자였던 나는 며칠 동안 당사에 가득 차 있던 답답한 불안의 그림자를 기억한다. 쏟아지는 비난이 우리를 짓눌렀다. 민주노동당의 젊은 연구원들이 황우석이 상종가일 때 '의심'을 내비쳤던 까닭이다. 노회찬 의원이 마땅히 가볼 만한 시사회였다.

거기서 배우 유연석을 만난 뒤 노회찬 의원은 트위터에 이런 말을 남겼다.

*임순례 감독의 새 영화 〈제보자〉 시사회에서 응사 이후 좋아하게 된 배우 유연석 군을 만났습니다. 키는 저보다 크지만 얼굴은 저보다 작더군요. 쌤쌤입니다.*

인터넷에서 '노회찬 기적의 논리'라는 제목으로 소개되기도 한 바로 그 문구다. 2017년 국회에서 치어리더 박기량 씨를 만났을 때도 역시 같은 논리를 펼쳤다. 2018 평창동계올림픽 마스코트 조형물 설치 제막식에서였다.

국회로 찾아온 카를로스 군과 박기량 씨를 만났습니다. 카를로스에 겐 제가 브라질을 얼마나 좋아하는지 설명했고, 박기량 씨는 직접 보니 키가 저보다 컸습니다. 물론 얼굴은 제가 크니까 쌤쌤입니다.[6]

댓글은 "묘하게 설득력 있으심" "항상 큰 울림이 있는 말씀만 하셔 서 키도 크실 줄 알았습니다." "의원님이 젤 눈부십니다." "얼굴은 커 야 얼굴이죠" 같은 칭찬 일색이었다.

노회찬 의원은 진보정치의 큰 얼굴이 확실했다. 노회찬 의원의 논 리가 기적이 아니라 노회찬이라는 사람 자체가 기적이었다.

———

어릴 때 제 모습과 똑같았어요.

　°2018년 2월 22일 〈SBS〉 '김어준의 블랙하우스'.
평창올림픽 당시 북한 응원단의 가면을 김일성 사진이라며 보수 야당이
트집 잡았을 때 자신의 국민학교 시절 사진과 비교하며 한 말.
당시 보도를 찾아보면 노회찬 의원의 말이 빈말이 아니라 놀라게 된다.

———

멋으로 쓴 적은 없고… 글쎄요, 제가 얼굴에 자신이 있었기 때문에…

　°2007년 5월 2일 〈딴지일보〉 인터뷰.
선글라스를 주로 은폐용으로 쓰냐는 질문에.[7]

주민들을 만나러 다니면서 가장 많이 듣는 얘기가 "TV보다 실물이 훨씬 낫다"입니다. 그 얘기를 들으면서 우리나라 TV가 진짜 문제가 많구나, 사실을 사실대로 전달하지 못하고 아름다움을 아름다움대로 전달하지 못하는⋯. 우리나라 언론 방송의 최근의 문제점이 저의 얼굴을 보도하는 데서 여지없이 드러나고 있다(고 봅니다). 특히 야당 후보들의 얼굴을 있는 그대로 보도 안 하는 것은 일종의 야권 탄압이다, 저는 그렇게 생각하고 있습니다.

°2014년 7월 20일 남성역 앞에서 조국 교수와 즉문즉답 중
조국 교수가 "노 대표님이야말로 진짜 미남이다"라고 말하자.

잡지 〈GQ〉에서 '남자가 봐도 멋진 남자' 설문조사를 했는데요, 제가 30위네요. 정치인 중에선 1등! 전체 1위는 박지성이네요. 이정재, 조인성도 저와 같이 공동 30위! 많이 닮은 모양이죠.ㅋㅋ MB가 꼴찌로 나온 걸 보면 꽤 정확한 조사인 듯. 참, 가수 비도 저와 함께 공동 30위네요. 닮은 사람이 참 많네요.^^ 하나도 안 닮은 강호동은 36위!

°2009년 7월 14일 트위터.
유난히 느낌표가 많다. ㅋㅋ에 ^^까지.[8]

사실 저는 김구 선생과 달리 제 얼굴에 상당히 만족하는 편이었는데 고등학교 시절 《백범일지》의 이 구절을 읽으면서 얼굴과 몸과 마음의 상관관계에 대한 철학과 생각을 정리해버렸어요.

°한윤형과의 인터뷰.
어릴 때 거울을 보고 못생긴 자기 얼굴을
여러 번 한탄했다는 김구 선생이 "상호불여 신호相好不如 身好
신호불여 심호身好不如 心好"라는 문구를 《백범일지》에 인용했다면서.
이 문구는 "얼굴 잘생긴 것은 건강한 것만 못하고
건강한 것은 마음 수양이 잘 되는 것만 못하다"는 뜻.9

(조국 교수가 본인 얼굴에 대해) 본인도 그것을 자기의 약점이라고 늘 얘기해왔고. 저는 그 심정을 이해할 것 같아요. 저도 과거에는 그랬기 때문에. 저는 측은지심을 갖고 보고 있습니다.

°2017년 5월 16일 〈tbs〉 '김어준의 뉴스공장'.
조국 민정수석의 '얼굴 패권'에 대한 질문을 받고.

원숭이띠로 나와 동갑인 그는 내게 한 번도 서로 말 놓고 지내자는 말을 하지 않았다. 그 이유는 서로 말을 틀 경우 자신이 훨씬 손해를 본다는 것을 스스로 잘 알고 있기 때문이라고 나는 믿고 있다.

언젠가 '100분 토론'이 끝난 뒤 스튜디오에서 손석희 팬들이 다가와 반갑게 인사하기에 친숙함을 표시하느라 "손석희 사회자와 동갑"이라고 말한 적이 있다. 물론 그들이 더욱 반가워할 줄 알았던 것은 나의 착각일 뿐이었다. 그들의 표정이 안 좋은 방향으로 변했고 나는 후회하기 시작했다.

°2006년 1월 31일 '난중일기'.[10]

내 얼굴이 더 커서 멀리서도 좀더 잘 알아볼 수 있는 점 말고는 없다.

°2009년 3월 11일 진보신당 대표 후보 토론회에서
심상정 후보보다 나은 점을 묻는 질문에.

**김어준** 제가 없는 동안 제 머리가 크다고 하셨다고.

**노회찬** 그렇게 얘기한 바가 없고, 용모가 많이 개선됐다고…. 제3자가 볼 땐 많이 좋아졌어요. 인간의 가능성을 확인하는 과정이었죠.

**김어준** 대표님이야말로 뭐랄까요, 불변의 법칙이라고 할까요? 20년 동안.

**노회찬** 일관성이라고 하죠. 용모 일관성.

°2017년 6월 13일 〈tbs〉 '김어준의 뉴스공장'.

# 옷이 내 멋을 가릴까 봐
# 걱정이다

노회찬 외
《진보의 재탄생·노회찬과의 대화》[11]

빚이 많아요. 〈매일노동뉴스〉라는 일간지를 10년 했거든요. 가격을 올릴 수 없어 적자를 봤어요. 부채가 1억 원이 넘습니다. 선관위에 후보 등록할 때 자산과 부채를 합하니 700여만 원 플러스로 나오더군요.

노회찬 의원은 2004년 국회의원에 당선된 직후 〈신동아〉와의 인터뷰에서 이렇게 말했다. 이때까지 그는 신용불량자였다. 라면만 먹고 금메달을 딴 선수였던 셈이다. 운동권들은 하나같이 먹고살기 힘들었고, 진보정당에 남아 있는 사람들 대부분은 지금도 그러니 '가난'에서도 노회찬은 우리의 대표였다. 일 년쯤 지나 또다른 인터뷰에서 노회찬 의원은 이렇게 말했다.

공직생활을 하려면 신용불량은 넘어서야겠다 싶어서 (돈을) 갚았다. 지금은 신용불량은 아닌데 카드발급 제한 조치다. 국회에 농협이 있다. 저보고 통장 개통하면서 직원이 좋은 카드도 만들어준다고 했는데 나중에 "죄송하지만 은행업협회에서 제한해서 대상이 아니다"라고 하더라.[12]

**진행자** 양복은 몇 벌이나 있습니까?
**노회찬** 다섯 벌인데 한 벌은 짜깁기를 했고, 한 벌은 너무 작아요. 그래서 가용 양복이 세 벌입니다.
**진행자** 동복, 하복으로 구분하면….
**노회찬** 춘하추동 구분 없는 4계절 양복입니다.[13]

이 인터뷰를 했을 때가 2004년이다. 그 후로 14년이 흐른 2018년까지도 노회찬 의원은 여전히 양복이 몇 벌 되지 않았다. "늘 똑같은 옷을 입고 김밥으로 끼니를 때웠다"[14]라는 이야기는 아는 사람들 사이에선 전설 같은 이야기다. 그는 이렇게 자평했다. 김어준과의 인터뷰에서 순수하게 멋 내려고 구입한 것은 무엇이 있는지 묻는 질문에 대한 대답이다.

멋이 있는데 더 뭘. 옷이나 이런 것들이 내 멋을 가릴까 봐 걱정
인데.

---

우린 옷걸이가 좋기 때문에 웬만한 건 다 잘.
양복을 옛날로 치면 교복처럼 매일 입으니까. 우리는 한 번 입
으면 옷에 대한 애착으로 계속 입거든.

°김어준과의 인터뷰.
양복에 대해 이야기하다가.
이때 김어준은 "옷에 대한 애착이 많으면 옷이 많죠"라며 웃었다.[15]

---

나한테는 별 의미가 없어요. 페블비치란 게 우리로 치면 자갈
마당.

°김어준과의 인터뷰.
미국의 유명한 페블비치 골프장에 다른 의원의 강권으로 들렀으면서
페블비치라는 글씨가 박혀 있는 모자 하나 안 샀느냐는 물음에.[16]

---

젊었을 때부터 형편이 어려운 분들이 몇 푼이라도 벌기 위한
노력은 숭고한 목표일지 몰라도 '필요 이상의 돈을 모으려는
것이 인생의 목표가 되는 것은 다소 저급하지 않나'라고 생각

했습니다. 학교에서도 돈과 인생의 가치가 충돌했을 때 다른 가치를 우선시하는 사람이 훌륭하다고 배웠어요. 돈이 인생의 최고라고 배우지 않았습니다.

°2012년 11월 16일 대학생언론협동조합 'YeSS' 인터뷰.[17]

## 005 · 휴대전화

# 좌사우포다

2009년 12월 22일
〈위클리경향〉 인터뷰


'좌사우포.'

노회찬 의원이 한 언론[18]과의 인터뷰에서 한 말인데, 직접 창조한 사자성어다. 왼쪽엔 사과, 오른쪽엔 포도라는 뜻이다.

그는 얼리어답터였다. 스마트폰도 두 대를 동시에 사용했다. 한 대는 아이폰, 한 대는 블랙베리. 애플사의 아이폰이니 사과, 블랙베리는 포도. 이걸 노회찬은 '좌사우포'라 표현했다.

"얼리어답터라고 들었다. 아이폰과 블랙베리 중 어떤 것이 더 좋은가"라고 기자가 묻자 그가 답했다.

좌사우포다. 각기 장단점이 있는 것 같다. IT기기에 관심이 많은 것은 아니다. 지금까지 MP3를 사용한 적도 없다. 다만 활동력을 높일 수 있는 것이라면 먹는 것을 줄여서라도 구입했다. 운동권에서 휴대전화를 가장 먼저 사용한 이유다. 스마트폰도 마찬가지다. 얼리어답터가 아니다.(웃음)

내 기억이 맞다면, 진보신당 공동대표 시절 노회찬 의원은 중앙당 당직자들에게 아이폰을 한 대씩 나눠주었다. 나는 구로지역 위원장을 맡고 있어서 전해 듣기만 했다. 스마트폰이 무엇인지도 모르는 사람이 태반이던 시절이다.

노회찬 의원은 얼리어답터가 맞다. 진보정치도 스마트폰도.

---

현행 선거법으로 트위터를 단속하는 것은 우주선을 발명해 놓고 도로교통법을 적용하는 것만큼이나 한심한 일.

°2010년 2월 선관위가 트위터를 이메일로 보고 선거법으로 단속하기로 한 것에 대해. 이때 한나라당 의원들 가운데는 "트위터가 뭐냐"고 묻는 이도 있었다.[19]

---

키스를 다른 사람에게 대신 시킵니까?

°2010년 7월 7일 '난중일기'. 트위터를 시작한 이후 가장 많이 들었던 "직접 하시냐"는 질문에.

간혹 정치인들이 양복에 넥타이까지 매고 와서 140자짜리
글을 대여섯 개씩 날리며 엄숙하게 일장 연설을 하지만, 어쩐
지 어색하고 어울리지 않는다.

트윗 동네에서 지나가다 한마디 한 것 가지고 국가원수모독
죄 운운하는 것 역시 진짜 트위터도 제대로 모르고 국가원수
를 모독하는 짓이다.

°2010년 7월 7일 '난중일기'.
정치인들과 선관위의 트위터에 대한 태도를 지적하며.

# 저에겐 아직
# 두 덩이의 매생이가 있습니다[20]

2010년 2월 22일
'노회찬의 공감로그'[21]

2010년 초 노회찬 의원이 진보신당 대표였던 때다. 매생이굴국 만드는 법을 촬영해 '노회찬의 요리교실'이라는 이름으로 인터넷에 올렸다. 유튜브 크리에이터의 조상이 있다면 노회찬 의원이다.

과거에 매생이는 주로 겨울철에만 먹을 수 있었습니다. 주로 1월, 2월에 나는 햇매생이를 가지고서 음식을 마련했는데요. 요즘에는 사시사철 먹을 수 있게 냉동 매생이도, 건조 매생이도 있습니다. 그러나 아무래도 영양분이나 맛은 햇매생이, 참매생이에 미치지 못할 것입니다.

한두 번 경험으로는 이런 멘트가 나올 수 없다.

무를 먼저 넣고, 무가 익을 정도로 한 번 끓여냅니다. 한 10분만 끓이면 됩니다. 그다음에 굴을 넣고 또 한 번 끓여내고, 세 번째에 매생이를 넣고 끓이는 방법으로 하면은…

내 눈에 들어왔던 건 노회찬 의원의 능숙한 요리 실력이 아니라 부엌 모습이었다. 노회찬 의원은 녹색 직물을 깔고 그 위에 두꺼운 유리를 놓아 꼭 교장선생님 책상처럼 보이는 식탁 위에 재료를 올려놓고 조리법을 설명했다.

식탁 위에는 스탠드가 세워져 있었다. '평소 저기 앉아 책이나 자료를 보는구나' 싶었다. 꽤 오래 사용한 것처럼 보이는 냉장고의 문과 옆면에는 이런저런 자석이 붙어 있었다. 여느 집처럼.

오래된 분홍색 그물 망사 수세미가 식기 거치대에 막 설거지를 끝내고 널어놓은 모습으로 걸려 있었다. 숟가락 통에는 몇 벌의 수저가, 조리기 걸이에는 국자와 뒤집개가 보였다. 내용물 없는 작은 음료수병 같은 것도 하나 있었다. 이런 병들, 우리 집에도 많다.

매생이굴국을 끓였던 가스레인지 부근이 가장 인상에 남았다. 바로 옆면에 붙어 있는 은박지. 낡은 집 부엌 가스레인지 옆면은 그을음이 심해 은박지를 붙이는 경우가 종종 있다. 20대 이후 내 부엌에도 대개 은박지가 있었다. 이 부엌에서 노회찬 의원은 가장자리가 닳아

매끈해진 도마 위에서 무를 썰고, 오래 사용해 온갖 스크래치가 가득해 보이는 스테인리스 그릇에 매생이를 넣어 씻고, 조금은 깔끔해 보이는 냄비에 국을 끓였다. 당최 요리교실에는 어울리지 않는 체크무늬 남방에, 역시 남방과 별로 조화가 안 되는 화려한 앞치마를 두르고서 말이다. 요리를 마치며 노회찬 의원은 이렇게 말했다.

남은 매생이 두 덩이는 냉동실에 넣어두었습니다. 그래서인지 매생이 철인 2월이 저물지만 마음은 든든합니다. 이순신 장군은 "신에게는 아직 열두 척의 배가 있습니다"라고 말했다는데, 저에겐 아직 두 덩이의 매생이가 있습니다. 열두 척의 배가 결국 나라를 구하듯이 두 덩이의 매생이가 가정을 구합니다.

저는 매운탕용 대파는 7센티미터라야 한다는 노선을 굳게 견지하고 있습니다.

오늘의 요리를 위해 후배가 파리의 오르세미술관에서 구입해 선물한, 모네의 그림으로 장식한 식판을 처음 꺼내 깔았습니다. 물론 곰치는 이 사실을 모릅니다.

°곰치국 포스팅을 본 한 네티즌이 "대파는 꼭 7센티미터여야 하나요? 저는 5센티미터 쪽입니다만 7센티미터도 끓여놓은 사진을 보니 무척 설득력 있네요"라며 이견과 공감을 표했다.[22]

결혼하고 한 달쯤 지난 어느 일요일, 처남이 예고 없이 찾아
왔다. 아내는 바깥 행사에 참가하느라 집에 없었다. 마침 그때
나는 방 안에 신문지를 깔고 앉아 알타리 김치를 담그고 있
었다. 전날 사다가 다듬고 절여놓았던 알타리에 젓갈을 듬뿍
넣어…. 처남은 이 낯선 광경에 다소 놀라는 눈치였고 소문은
빠르게 처가 식구들에게 번졌다. 이 효과는 한 삼 년 간 것으
로 기억된다!

°2013년 3월 11일 '난중일기'.

# 화장지가 떨어져도
# 저건 안 떨어집니다

2017년 7월 2일
〈시사IN〉 '인터뷰쇼'

노회찬 의원의 요리는 매생이굴국에서 그치지 않는다. 메뉴의 다양성은 박근혜의 만찬에 뒤지지 않았다. 매생이굴국만이 아니라, 오일 파스타, 옥돔 미역국, 떡갈비, 유산슬, 곰치국, 샀국 등 다양했다. 샀국?

노회찬 의원은 식당이나 대형 마트에서 파는 떡갈비는 잘 안 먹는다고 했다. 본인이 만든 떡갈비가 훨씬 맛있기 때문이다. 고기를 갈지 않고 식감 좋게 직접 다져 만드니까. 유산슬도 보통 중국집에서 하는 것보다 더 잘 만들 자신이 있다고도 했다. 심지어 원외 정치인 시절 잠시 요리책을 만들어볼까 하는 고민도 했다고 한다.

노회찬 의원은 미식가에 가까웠다. 굳이 맛집을 찾아다니지 않는 내 입장에서는 신기한 일이다. 나는 세상 모든 음식이 다 맛있다. 노회찬 의원은 혀의 감각이 남달랐던 셈이다. 말하는 감각도, 맛보는 감각도 모두 말이다.

2017년 〈시사IN〉 '인터뷰쇼'에서 노회찬 의원이 한 말이다.

맨 오른쪽이 모시조개로 만든 봉골레 파스타, 시간 없을 때 제일 빨리 만들 수 있는 겁니다. 조개 사둔 것 없으면 알리오올리오처럼 이렇게 만들죠. 우리가 오일 파스타를 좋아하니까 저 재료는 항상 갖고 있습니다. 화장지가 떨어져도 저건 안 떨어집니다.

화장지가 할 일이 있고, 오일 파스타가 할 일이 따로 있다. 그중 하나를 택하라면 대개는 화장지를 고를 텐데…. 화장지가 하는 일 중에는 오일 파스타가 도저히 대신할 수 없는 일이 있다. 윽.

노회찬 의원은 또다른 인터뷰[23]에서 유산슬 양념을 모두 가지고 있으니, 재료만 들고 오면 직접 요리를 해주겠다고도 했다. 항상 준비가 되어 있다는 얘긴데, 사실 그 점은 놀라웠다.

노회찬 의원은 요리에 대한 자부심이 확실히 남달랐다. 겸손한 그가 항상 자랑스럽게 얘기하는 게 두 가지 있었는데, 하나는 얼굴이었고, 다른 하나는 요리였다.

하느님, 정녕 이 요리를 제가 만들었단 말입니까?[24]

현지에서 구입한 생선회 칼을 기내로 반입하려다 소동을 벌인 적도 있었다.

먹어야 산다.

아내가 병간호로 집에 없어서 아침에 일어나 밥 짓고 미역국 끓여 혼자 먹고 나왔습니다. 제가 끓인 미역국이 객관적으로 좀더 맛있었다는 건 아내에겐 비밀입니다.

# '만백성이 즐겨 먹는 고기'라 하여 민어民魚라 부른다

2015년 8월 3일
트위터

노회찬 의원이 즐거워하는 일 중 하나가 낚시였다.

'만백성이 즐겨 먹는 고기'라 하여 민어民魚라 부른다. 2일 오전 6시 해남 송평 앞바다 수심 12미터에서 올라와 첫 대면했다. 80센티미터, 6킬로그램. 수면으로 올리는 데 서로 힘들어했다.

당대표 선거에서 떨어지고 얼마 뒤 노회찬 의원은 해남으로 낚시를 갔다가 민어 월척을 낚았다. 이때 트위터 반응들이 재밌다.

"취업 실패하시고, 낚시여행ㅎㅎㅎ"

"당대표 되셨으면 이런 호사를 못 누렸겠죠."

"민어가 올라왔네요. 민심이 가는 곳에 늘 계시는 노회찬님, 그거 드시고 힘 내세요."

"유시민 선생님은 이런 거 못 잡아보셨겠지요."

"민어 덩치만큼 많은 민심을 얻으실 겁니다. 일보 후퇴는 이보 전진입니다."

"더 부려먹어야 하는데 재밌게 노는 모습이 배가 아픕니다. 다음에 우리 지역구로 꼭 모시고 싶습니다."

"모자가 얼굴보다 작아요."


노회찬 의원의 뒤를 이어 창원에서 보궐선거로 당선된 여영국 의원이 언론에서 이런 이야기를 했다.


**여영국** 지역구 출신인데 왜 안 보이냐는 원성이 저희 통해 들어오면 의원님은 어쨌든 틈을 내려고, 창원이 멀지 않습니까, 교통편도 그리 좋지 않은데 하루에 비행기로 세 번을 왔다갔다 한 적이 있습니다. 그만큼 지역구민의 요구를 최대한 수용하려 했어요. 물론 몸은 피곤하죠. 그래서 제가 한때 너무 힘드신 것 같아서 "의원님, 낚시 한 번 가시렵니까?" 하니까 얼굴이 확 피더라고요.

**진행자** 너무 좋아서 그러신 건가요?

**여영국** 네, 그래서 진짜 몰래 낚시를 한 번 갔습니다.[25]

사람들이 잘 모르는 노회찬 의원의 '몰래 낚시'가 자주 있었기를 지금에서야 바란다.

_____

'미끼가 상하지 않았느냐' '가짜 미끼 아니냐'(는 이야기가 나오는데) 요새는 낚시할 때 가짜 미끼를 쓰기도 합니다만, 이게 설사 가짜 미끼라고 할지라도 이미 고기는 잡혀 있습니다. 잡은 고기는 부인될 수 없습니다.

°2016년 10월 31일 국회 법제사법위원회 국정감사.
2016년 10월 24일 〈JTBC〉 보도로 확인된
최순실의 태블릿PC가 조작됐다는 주장이 나오는 데 대해.

## 009 · 단식

# 말하는 게 제일 힘듭니다

2011년 8월 10일
〈시사IN〉 인터뷰

작은 정당을 하다 보면 때로 단식할 일이 생긴다. 지지율이 의석수에 그대로 반영되면 단식할 일은 그만큼 줄어들 것이다. 의견의 크기가 국회 의석의 크기와 들어맞으면, 무리하면서까지 목소리를 높일 이유가 없다. 의견의 크기대로 서로 존중하고, 협상하고, 타협이 이뤄진다면 단식할 필요도 없다.

노회찬 의원은 심상정 의원과 함께 2011년 30일 동안 단식을 한 적이 있다. 한진중공업 정리해고 철회를 촉구하는 김진숙 지도위원의 농성이 계속되고, 이를 응원하기 위해 희망버스가 전국적으로 조직되던 시절이었다.

2차 희망버스 마지막 기자회견에서 노회찬 의원은 "경찰은 성공적으로 진압했다고 생각할지 모르겠지만, 희망버스는 3차, 4차로 계속 이어질 것이며, 2만 명, 5만 명, 10만 명으로 늘어날 것입니다"라고 말했다.

기자회견장 뒤 한진중공업 앞에는 경찰이 차벽을 친 상태였다. 정리해고 분쇄 스티커가 여기저기 붙어 있었고, 살수 차량에 올라탄 경찰은 뒤에서 기자회견 하는 사람들을 응시했다. 이 사건 이후 노회찬과 심상정 두 사람은 30일간의 단식에 돌입했다. 단식 29일째에 진행된 인터뷰에서 말로 먹고 사는 노회찬 의원은 이렇게 말했다.

말하는 게 제일 힘듭니다.[26]

노회찬의 단식은 최근 몇 년 사이 두세 번쯤 보였던 보수 정치인의 단식과는 차원이 다르다. 명분은 하찮고, 결기보다는 오기만 보이는 단식에 하루이틀만 지나면 얼굴 까매져 드러눕는, 그들의 단식은 대체로 하찮다.

딴 얘기지만, 단식은 건강과 매우 밀접한 관련이 있다. '감옥에서 단식투쟁 후 회복식을 잘 먹어서 운동장을 날아다녔다.' '단식투쟁 끝나는 날 밤에 곧바로 소주와 삼겹살을 먹어서 몸이 완전히 망가졌다.' 내가 들었던 단식과 건강에 관한 상반된 에피소드다.

노회찬 의원은 단식 후 36일간 병원에 있었다. 얼굴에 브이라인이 살아나고 몸매는 날렵해졌다. 중학생 때 산 모시옷을 입은 채 언론 인터뷰도 하고, 단식 중간에는 방송 토론도 나갔다. 오랜 단식 끝에 겉모습은 좋아졌지만, 그래도 오랜 단식이 건강에 좋을 리 없다. 6년쯤 지난 2017년 8월 노회찬 의원은 여름휴가를 단식으로 보내고 김어준과 이런 대화를 나눴다.

**노회찬** 그래서 일주일간 단식을 했어요. 어제부터 미음을 먹기 시작해서 목소리가 돌아오는 중입니다.

**김어준** 휴가에 고행을 하셨네.

**노회찬** 요구조건 없이 단식을 했습니다.

**김어준** 아니, 그러면 부인이 그걸 동의하던가요?

**노회찬** 흔쾌히 동의를 해서.

**김어준** 아, 이상한 부부예요. 일주일 시간이 났는데.

**노회찬** 결과적으로 보면 생활비가 굉장히 절약됐다는 거죠.

**김어준** 일주일간 물과 소금만 먹고 단식을 하셨다구요?

**노회찬** 7키로.

**김어준** 7키로 빠지셨어요? 만족하시고?

**노회찬** 아주 기분이 좋아요.

**김어준** 본인만 만족하는 거 아니고요? 돈 굳었다고?

**노회찬** 아니에요. 그러니까 한 그릇이 얼마나 소중한지, 간장은 왜 이렇게 맛있는지, 이런 걸…. 간장의 재발견.[27]

그 후 몇 달 지나 노회찬 의원을 의원실에서 만났다. 여름휴가 이후 처음으로 며칠 쉬었다는 이야기를 들은 터였다. "의원님, 휴가는 잘 보내셨어요?"라고 묻자 노회찬 의원의 답은 이랬다.

이번에는 단식 안 했어요. 허허.

3초쯤 있다 웃었다.
농담 중에는 몇 달을 관통하는 것도 있다.

_____

정부가 사람을 보내기는 했다. 천막 철거하는 용역 직원하고 경찰을 보내서 문제지. 오히려 우리가 단식 중에 노동부 장관을 만나러 갔다. 장관의 태도가 전경련 용역 같더라.
계속 농성했다. 비에 천막이 무너지더라. 그래서 일단 옆에 있던 민주노총 천막으로 옮겼다. 그리고 우리 천막을 더 튼튼하게 다시 쳤더니, 그다음에는 그걸 또 철거해가더라. 수재민·이재민·철거민을 한 번에 경험했다.

°2011년 8월 24일 서울 덕수궁 앞 단식농성장에서 〈시사IN〉과의 인터뷰. 정부에서 반응은 왔는지, 집중호우 때도 농성장에 있었는지 묻는 질문에.[28]

식량 절약을 위해서 그랬습니다.

°2018년 4월 20일 〈JTBC〉 '정치부회의'.
"아침식사를 거의 40년 동안 안 하셨다고"라는 질문에.

사흘 단식해서 앞으로 4년 동안 배부르게 살겠다는 뜻 아닙니까.

°2004년 4월 13일 열린우리당 정동영 의장이
총선 3일 전에 단식에 돌입하자.

내가 그를 버렸지, 그가 나를 거부한 것은 아니기 때문이다.
인생이란 정든 것들과 하나씩 이별하는 과정이기도 하기 때문이다.

°2005년 5월 8일 '난중일기'.
담배를 끊은 뒤.[29]

# 전쟁 장면을 보다가
# 평화 장면이 나오니까
# 다 조는 거야

2007년 5월 2일
〈딴지일보〉 인터뷰

노회찬 의원은 '문제의식'이 있는 영화를 주로 본다고 했다. 청주교도소에 있을 때 일반수들에게는 교도소 측이 한 달에 한 편씩 영화를 보여주었다. 노회찬 의원 같은 정치범은 '섞이면 안 되니까' 예외였다. 물드는 것 방지.

그걸 또 규정을 찾아봤다고 한다. 규정에는 정치범이건 누구건 일주일에 한 편씩 영화를 보여주기로 되어 있었다. 결국 비디오라도 볼 수 있게 해달라고 요구해 관철시켰다.

그래서 비디오로 해가지고 일주일에 한 번씩 보는데, 무엇을 볼지는 우리가 정하겠다, 주윤발 같은 거, 총 많이 쏘고 그런 거 보면 교정·교화가 안 되지 않느냐, 교정·교화가 되는 리스트를 우리가 정하겠다…. 내가 거기서 일 년 반 이상을 있었는데, 그 일 년 반 동안 매주 영화를 보는데, 그때 대학 정치범 학생들과 갈등이 생긴 거예요.

**가깝게 지내야 할 사람들끼리 왜 갈등이 생겼을까.**

그 친구들은 주로 〈지존무상〉 〈영웅본색〉 이런 거 보고 싶어 하는데, 나는 〈전쟁과 평화〉 그것도 소련에서 만든 8시간짜리…. 내가 선배니까 주로 내가 결정권을 갖고서 했는데 〈전쟁과 평화〉를 보니까 애들이 완전히…. 그리고 전쟁 장면을 보다가 평화 장면이 나오니까 다 조는 거야. 그래서 욕을 많이 들었어요.

**피는 물보다 진하고, 사랑은 국경보다 강하다. 취향은 사상보다 세다.**

그때 나름대로 가장 감동적인 영화 중 하나가 〈빠삐용〉. 밖에서도 좋아했는데 그 안에서도 〈빠삐용〉 영화를 봤고.

**감옥에서 가장 감동적인 영화는 감옥 탈출 영화다.**
노회찬 의원은 잔잔하고 지적인 영화를 좋아한다고 했다. 블루, 화이트, 레드 같은 색깔 있는 영화들이다.[30] 한때는 이란 영화, 터키 영

화, 유고 영화를 주로 보던 시절도 있었다.[31]

〈벤허〉〈쿼바디스〉〈닥터 지바고〉〈누구를 위해 종은 울리나〉〈대부〉. 에이젠슈타인 영화, 코언 형제 영화, 찰리 채플린 영화 그리고 다큐멘터리… 노회찬 의원이 감명 깊게 봤고 꼭 챙겨본다는 영화와 감독 그리고 분야다.

나도 요즘 영화를 많이 본다. 자본주의의 폭력성을 알 수 있는 각종 액션 영화, 기후변화를 걱정하고 지구의 미래를 생각해야 하니 재난 영화, 세상을 바꾸는 건 영웅인가 대중인가를 고민하기 위해 어벤져스 같은 히어로물, 광활한 우주 속에서 우리 존재의 미미함과 덧없음을 성찰하기 위해 외계인 나오는 영화 들을 섭렵 중이다. 내 취향은 내 아이의 취향과 같다. 같이 놀다 보면 아이가 보는 걸 나도 본다. 취향의 격이란 게 이렇게 많이 다르다.

---

토지를 많이 소유하는 사람보다 《토지》를 많이 읽는 사람이 더 부자입니다.

°2008년 5월 19일 〈KBS〉 'TV, 책을 말하다'.
노회찬 의원은 문학에도 조예가 깊었다.

# 첼로가 인간의 목소리에
# 가장 가까운 소리를 내요[32]

2017년 8월 22일
〈KBS2〉 '냄비받침'

정치란 우선 인간의 목소리에 집중하는 일이다. 평범한 사람들은 모두 특별한데, 그 특별함을 소상히 듣는 것으로부터 정치는 출발한다. 정치는 평범한 사람들을 특별하게 대하는 작업이다.

바이올린은 작잖아요. 소리 내기 힘들 것 같더라고요. 첼로는 크니까 아무 데나 누르면 소리가 잘 날 것 같아 첼로를 택했죠. 첼로가 인간의 목소리에 가장 가까운 소리를 내요. 경기고등학교 때 개교기념일에 연주를 하니 소문이 나서 여학교에 가서 연주도 했어요.

노회찬 의원은 첼로가 인간의 목소리에 가장 가까워 선택했다는 말을 기회가 있을 때마다 했다. 그는 평생 사람 목소리에 가까워지기 위해 노력했다. 정해진 말을 하기보다 사람 목소리를 전하는 것, 그것이 노회찬의 일이었다.

운동을 했던 사람들은, 나를 포함해, 주로 옳은 얘기를 한다. 공감보다는 설명에 강하고, 경청보다는 주장에 익숙하다. 사람 목소리에 집중하는 것은 생각보다 어렵고, 무엇보다 고되다.

첼로가 저음역 악기라는 것도 노회찬 의원과 잘 맞다. 그는 인간의 목소리, 그중에서도 낮은 목소리에 애착이 있었다.

노회찬 의원은 첼로를 연주하던 학창 시절을 이렇게 회상한다.


그때 제가 제일 잘나가는 때였어요.


사람 목소리에 집중했을 때 노회찬은 제일 잘나갔다.

---

여러분들 앞에서 하면은 김연아 앞에서 스케이트 타는 꼴밖에 더 되겠습니까.

제가 오늘 이걸 했다는 건 비밀입니다.

　°어느 오케스트라 앞에서 세상 부끄러운 얼굴을 하고서

스마트폰 오카리나 앱으로 슈베르트의 〈아베마리아〉를 연주했을 때
연주 전과 후에 한 말. 서울시장 후보 당시 KYC 등이 주최한
'서울시장 공개채용 면접' 행사에서는 노무현 전 대통령의
1주기를 추모하며 〈어메이징 그레이스〉를 연주하기도 함.

제가 3년을 배웠는데, 열심히 하란 얘긴 참 많이 들었지만, 재
능 있단 얘기는 한 번도 못 들었어요.

°김어준과의 인터뷰.
학생 때 첼로를 배우면서 재능 있다는 소리를
들어봤느냐는 질문에.[33]

첼로 실력이 굉장히 좋으면 향응이 될 수도 있지만, 실력이 좀
떨어지면 고통이니까.

°김어준과의 인터뷰.
정책발표회보다 연주회를 많이 하는 게 좋겠다는 대화를 하다가
선거법상 향응 제공일 수도 있겠다는 말을 하던 중.[34]

잠시 사탕을 두 손에 쥔 아이의 심정이 되었다.

°2008년 8월 28일 '난중일기'.
어느 북콘서트에서 가수 강산에가
자신이 제일 좋아하는 노래 두 곡을 연달아 부르자.[35]

# 저야 교과서에서 배운 대로
# 살았을 뿐이에요[36]

노회찬 · 유시민 · 진중권
《생각해봤어?》

저야 교과서에서 배운 대로 살았을 뿐이에요. 그러니까 제 잘못
은 없습니다. 교과서대로, 하라는 대로 하다 보니까 이렇게 돼버렸
어요.

노회찬 의원의 이 말이 농담이 아니라고 생각했다. 나도 그랬으니
까. 난 그냥 모범생이었다.

대학교 1학년 '신입생 환영행사' 때였다. 학생들 참여가 저조했다.
'대학생 되더니 이제 학교 행사에 안 오는구나' 싶었다. 학생회에서
주최하는 행사를 나는 학교 행사로 착각했고, 당연히 '필참'했다. 첫
단추가 중요하다. 그때 그 행사에 참석하지 않았더라면 내 인생의 행

로는 어떻게 되었을까.

다른 책이 없으니까, 학교에서 배우기도 전에 먼저 읽는 거예요.
저는 음악 교과서도 읽었어요. 초등학교 음악 교과서에 나오는 악
보를 아직도 외우고 있거든요.

노회찬 의원은 확실히 모범생이었다. 황교안이 체제 순응형 모범생
이었다면, 노회찬은 진리 추구형 모범생이었달까.

45년 전 제가 국민학교 4학년 때 담임선생님이 지금 이 콘서트 자
리에 와 계시거든요. '어려움이 예상되더라도 옳다고 믿는다면 행
하라' 이렇게 교과서에서 배웠어요. '옳은 건 옳은 것이고 불리할
때는 뒤로 빠져라'라고 가르치는 선생님은 한 분도 안 계셨습니
다.[37]

교과서대로 산 노회찬 의원은 진보정치의 교과서가 되었고, 우리의
선생님이었다.

---

누군가가 "살아오면서 너에게 가장 큰 영향을 미친 스승이 누

구냐"고 묻는다면 영등포 기계공업고등학교에서 만난 동료들이 나의 가장 큰 스승이라고 말하고 싶습니다. 제가 용접을 배우러 청소년 직업학교에 다녔거든요. 어찌 보면 그 사람들은 나보다 나이도 많지 않고 학식도 높지 않아요. 흔히 생각하는 기준으로 보면 스승이 될 수 없는 사람들일지도 모르죠. 저는 좋은 선배한테도, 정말 훌륭한 교수님들한테도 배웠지만 직업학교 동료들에게서 배운 점들이 그에 못지않다고 생각합니다. 배움이라는 것은 꼭 지식이나 권위, 지혜에 국한되지 않으니까요. 그들과 관계를 맺으며 웃고 우는 과정에서 많은 것을 배웠습니다. 그러니 누구보다도 훌륭한 스승님이죠.[38]

°2012년 11월 16일 대학생언론협동조합 'YeSS' 인터뷰.

솔직히 말씀드려서 먼저 배운 사람으로서 힘들게 사는 사람들을 도와주러 간다는 심정으로 한 겁니다. 근데 하다가 그 생각이 없어졌어요. 이걸 하지 않았으면 몰랐을 여러 가지 일들을 새롭게 알게 되면서 내가 구원을 받고 있다, 내가 사람되는 것 같다는 느낌을 많이 받았어요. 그 때가 가장 행복했던 시절이에요.

°2017년 8월 22일 〈KBS2〉 '냄비받침'.

옆집 아저씨 노회찬

스승 속에서 살아온 것이다.

°변영주와의 인터뷰.
과거를 생각해보면 스승이 굉장히 많았다면서.[39]

2호선을 탈 때마다 감회가 새롭다. 제가 용접한 철제 빔이 땅
속에 있다.

°2017년 9월 1일 〈헤럴드경제〉 인터뷰.[40]

제자가 많은 스승보다 스승이 많은 제자가 더 행복한 사람 아
닐까.

°2010년 9월 30일 '난중일기'.

## 013 · 소년 시절

# 전쟁을 겪은 소년은
# 이미 소년이 아니다

2011년 8월 30일 한림국제대학원대학교
정치경영연구소 인터뷰

고등학교 때 나팔바지를 입었다. 다른 학생들은 9인치를 입을 때 자기는 11인치를 입었다고 했다. 13인치까지 입는 학생도 있었지만 11인치 정도면 적당했던 모양이다.[41] 노회찬 의원이 다시 나팔바지를 입은 건 통합진보당 시절 총선 광고에서 엘비스 프레슬리 분장을 했을 때가 아니었을까 싶다.

고등학교 때부터는 사회를 알기 시작했는데, 당시 읽었던 책에서 "전쟁을 겪은 소년은 이미 소년이 아니다"라는 글을 본 적이 있다. 그 글이 나를 말한다고 생각하기도 했다. 유신을 선포했다는 말을 처음에 듣고, 학교에서 배우기를 국회 해산은 의원내각제에서

만 가능한 것인데 이상하다고 생각했다. 라디오에서 유신 선포가 방송되어서 국회 앞을 찾아가기도 했다. 당시에 국회 앞을 갔더니 장갑차가 있었고, 또 중앙청 앞에는 탱크가 있었다. 탱크 앞에는 총에 칼이 꽂혀 있는 군인들도 있었다. 광화문에 가서 가판대 신문을 보았는데, 나는 조간이 그 전날 나오는 것을 처음 봤다. 신문에 "국회 해산"이라 쓰여 있었고, 다음 날 나온 신문에는 "유신 선포"라 인쇄되어 있었다. 1972년 10월 17일자 신문인데 그 신문을 지금도 가지고 있다. 그날 이후로 내가 달라졌기 때문에 그 신문을 버릴 수가 없다.(웃음)

노회찬 의원은 "전쟁을 겪은 소년은 이미 소년이 아니다"라는 말을 인터뷰에서 몇 번 언급했다. 자신의 얘기였다.
어린 시절 그는 개구쟁이였다. 피난민 부모님 밑에서 방 하나에 다섯 명이 함께 살았다.

어렸을 때 썼던 일기책을 아직도 많이 가지고 있다. 그중에 "오늘은 잠이 안 온다. 엄마한테 한 대도 안 맞았기 때문이다"라는 내용이 적혀 있었다. (중략) 그런 불우한 어린 시절을 보냈다.(웃음) 그래도 어린 시절에 대한 좋은 추억을 많이 가지고 있다. 그때 산동네에 살며 산에서 뛰어 자란 것이 가장 큰 자산이다.[42]

국민학생 때부터는 문화생활이 꽃을 피운다. 한 달에 한 번 이상 영화를 봤고, 악기 하나는 배워야 한다는 부모님 덕에 첼로를 했다. 동생은 축구를 더 좋아해서 부모님에게 많이 맞았다고 한다.[43] 소설에 빠져들고 전시회에 심취하면서 가난했지만 정신적으로 그리고 문화적으로는 '풍족'하게 살던 노회찬이었다.

모범생이었다. 중학교 내내 반장을 맡았고, 일요일에 할 일이 없으면 교복 입고 학교에 가 공부를 했다고 한다. 반항아이기도 했다.

잘못하지 않았는데 학생을 때리면 가만히 있지를 않았다. 꽃병, 망치, 주먹 등으로 많이 맞았다.(웃음) 중학교 때까지는 그런 학생이었다.[44]

그러다 유신을 만난다.

그때 그 사태를 맞이해서, 그게 저한테 준 충격과 인생관·세계관의 변화는 엄청난 것이었습니다. 그다음부터 저는 제2의 인생을 살았다고 볼 수 있죠.[45]

1980년 5·18광주민주화운동 당시 노회찬 의원은 부산에서 텔레비전으로 광주의 참상을 상세히 볼 수 있었다. 부산에서는 일본 텔레비전 전파가 잡힌 탓이다. 그 뒤 세상을 바꾸기 위해 노회찬 의원은 노동운동에 투신한다.

한강의 《소년이 온다》에서 엄마와 형, 누나들의 말을 듣지 않고 도청에 남은 동호는 중학교 3학년이었다. 만약 노회찬이 광주에 있었고, 그때 소년이었다면 그 역시 도청에 남았을지 모른다. 그때 광주에 없었던 노회찬은 유신과 5·18을 겪으며 한국 현대사 한 가운데에 남았다. 한강은 이 소설을 피해갈 수 없었다고 했다. 한국 현대사 역시 유신과 5·18을 피해갈 수 없었다. 소년 노회찬과 청년 노회찬도 마찬가지였다.

'문제의식이 있는 사람이 평생을 투신해 바닥을 일구는 긴 노력을 해야겠다'는 생각이 들었다.

°2017년 9월 1일 〈헤럴드경제〉 인터뷰.[46]
광주항쟁을 본 뒤 노동운동의 길을 선택했다면서.

누나가 항상 얘기한다. "쟤는 자기 결혼식에만 왔다"고.

°2018년 6월 2일 포항 〈MBC〉 인터뷰.
수배 7년, 감옥생활 3년이라는 긴 세월 동안
부모님 환갑잔치, 동생과 누나 결혼식에 참석하지 못했다면서.[47]

# 지금 그걸 무거운 바윗돌처럼
# 가지고 있는 거죠

2018년 6월 2일
포항 〈MBC〉 '시시콜콜택시'

어머니를 얼마 전까지 모시고 살았는데요, 지금은 형편상 동생 집에 가 계십니다. 제가 제주도 강연 갔다 오면서 옥돔, 말린 옥돔 아니고 생옥돔이요, 제주도에서는 산모 미역국 끓일 때 저걸 넣고 끓이는데, 어머니가 저걸 좋아하셔서 한 번 넣고 끓여봤습니다.[48]

어머니 생각이 지극하다고 느꼈다. 원래부터 그랬을까. 공장 다닐 때 어머니께 3년을 거짓말했다고 한다. 운동가에게 가장 마음 아픈 건 늘 어머니, 아버지다.

어느 날, 장남이기도 하고 또 영원히 속일 수도 없어서 말씀을 드렸어요. 그 당시 받던 월급봉투 모아놓은 것을 가지고 "이런 생활을 하고 있습니다" 말씀드리니 난리가 났죠.

부모님 생각은 '니가 그런 뜻을 가진 건 좋다, 그런데 꼭 공장을 다녀야 되는 건 아니지 않느냐'였어요. 예를 들면 "교수가 돼서 전문지식으로 도움을 줄 수도 있는데, 여러 가지 할 수 있는 일이 많은데, 언제 잡혀갈지 모르는 위험한 일 하는 건 봐줄 수가 없다"고 하셨죠.

그로부터 10년이 지나, 어머니는 노회찬 의원에게 스크랩북 열 권을 내민다.

"이게 내가 너하고 같이 걸어온 길이다."

맨 처음 노동운동을 하고 있다는 사실을 말씀드렸던 그날이 스크랩북에 적힌 첫날이었다.

'하필이면 이 길을…'

책 제목처럼 적혀 있던 문구다. 직접 책방에서 사 모은 노동운동 서적을 오리고, 신문기사를 잘라 붙여 어머니는 노회찬의 여정을 따로 기록했다. 감옥에 간 아들을 면회하고 나오며 길에서 주운 낙엽까지 스크랩북에 들어 있었다. 어머니는 아들과 함께 그 길을 걸어오셨다.

근데 다시 10년이 지났거든요. 그게 2004년. 국회 딱 들어오고 2004년도에 또 열 권을 보내셨어요. 제가 1992년도에 감옥에서 나와 그다음부터는 진보정당운동을 했잖아요. 근데 이 10년 진보정당운동에 관련해서 또 스크랩을 하신 거예요. 스웨덴의 복지가 어떻고 하는 기사만 나오면은 다 오려가지고…[49]

**스크랩은 30년 가까이 계속됐다.**

지금 그걸 무거운 바윗돌처럼 가지고 있는 거죠.

자식 이기는 부모도 없지만, 부모의 사랑을 이기는 자식도 없다. 세상 기대를 저버리고 고난의 길을 택한 이들은 더욱 그렇다.

―――――

내 인생의 첫눈은 태어나서 처음 마주한 어머니 얼굴의 그 눈! 어머님, 건강하세요.

°2009년 11월 3일 트위터.

―――――

어머님은 끝내 "기쁘다"는 말씀을 아낀다. 감옥에 들어갔을 때나 국회에 들어갔을 때나 걱정은 매한가지다.

°2004년 7월 17일 '난중일기'.[50]

전태일 열사 추도식 끝내고 이소선 어머님과 국밥 한 그릇 했습니다. 제삿날이라며 소주를 자꾸 따라주셔서 석 잔 마셨습니다. 제 어머님과 동갑인 81세인데 안목이 예리하십니다. 저 보고 많이 예뻐졌다고 말씀하시네요.

°2009년 11월 13일 트위터.

아버님이 노씨고 어머님이 원씨니까 제가 노원의 아들입니다. 노원에서 효도하게 해주십시오.

°2010년 9월 15일 '난중일기'.
이 말을 직접 들었는데 정말 기발하다는 생각을 했다.

# 좀더 나은 인간이
# 될 것 같았다

2018년 6월 2일
포항 〈MBC〉 '시시콜콜택시'

노회찬 의원의 동반자 김지선 님에 대한 이야기다.

1970년대 말에 집안 사정으로 중학교만 졸업하고, 언니 주민등록증 빌려 대성목재에 취직하는 등 어렵게 자라왔어요. 그러다가 유동우 씨란 사람을 만나서 《어느 돌멩이의 외침》이란 책에 나오는 그 노조에서 부지부장을 했어요. 그러면서 노동운동에 처음 눈을 뜨고, 연속으로 해고당하고, 감옥도 몇 차례 갔다 오고…. 1978년인가 '부활절 사건', 부활절에 여의도광장에서 예배할 때 동일방직 해고자들과 함께 뛰쳐 올라가 마이크 잡은 사람 중 한 명이었어요. 1970년대에 감옥을 두세 번 갔다 오고, 수없이 해고

당해서 나중에는 김근태 씨 등과 함께 조화순 목사와 인천산업
선교회 실무자로 일했어요. 인천에서는 널리 알려져서 공개적으
로 활동하는 사람이었고요.[51]

2013년 서울 노원병 보궐선거에 출마했을 때 김지선 님은 "노회찬
대표가 저의 삶을 대신 살 수 없는 것처럼, 저 역시 노회찬 대표의 대
리인으로 이번 선거에 출마할 생각이 없다"고 했다. 김지선 님의 삶의
이력을 조금이라도 알게 된다면 그 말의 의미를 이해하고도 남는다.

그때 심상정 의원은 "노회찬이라는 훌륭한 남편을 둔 것은 김지선
후보의 아름다운 이력 가운데 '사이드 메뉴'에 불과하며, 노회찬 대
표가 김지선 후보님보다 더 먼저 한 것은 국회의원직밖에 없다"고 말
했다. 당시 언론을 통해 이 기사를 접하고는 좀 놀랐던 기억이 있다.
한 시대를 오롯이 운동가로 살았던 사람에 대한 존중의 말은 무엇으
로도 부족하다.

노회찬 의원은 김지선 님에 대해 어느 인터뷰에서 이렇게 말했다.

같이 살면 '제가 좀더 나은 인간이 될 것 같다' 이런 생각이 들었
습니다. 그 자리에서 퇴짜를 맞았는데, 사실 수배 중이기도 하고,
그래서 졸졸 따라다닐 수도 없어서 포기를 해야 되는데 포기가
안 되는 거예요. 만나 보니까 내가 생각한 그대로고, 그래서 편지
도 한 번 보내고 책도 선물로 보내고 했어요.

나를 더 나은 인간으로 만드는 사람. 그런 사람을 만나는 것보다 더 큰 인생의 행운은 없다. 노회찬 의원은 그런 행운이 함께한 사람이다.

그 자리에서 진지하게 답변해주더라고. 당시만 해도 자기는 노동운동을 굉장히 중시하고 열심히 하려는 사람인데, 남자와 달리 여자는 결혼하면 운동을 계속하기가 어려워지는 상황이 왕왕 있다, (중략) 몇 사람이 자기들끼리 수년 전에 결혼하지 말자, 운동에 매진하자, 약속을 했다는 거야. 그런 얘기까지 꺼내면서, 관심을 보여줘서 고맙지만 생각은 없다….

° 김어준과의 인터뷰.
노회찬 의원이 김지선 님을 처음 만나
결혼하자고 했을 때 거절당한 이야기를 하면서.[52]

버스 종점까지, 사람도 별로 안 타니까, 버스 타고 오고, 그러면서 연애했죠.

° 김어준과의 인터뷰.
1988년 국회의원 선거 당시 무소속 노동자 후보 선본 일을
함께 하며 선거운동 후 데이트를 했다면서.[53]

표고버섯과 쇠고기를 넣었으니 이선二鮮 짜파구리다. 다음엔

제사 지내고 남은 새우나 전복을 넣은 삼선三鮮 짜파구리를
만들 터다.

좋은 기회를 준 대법원과 선관위에 감사한다.

°2013년 4월 9일 '난중일기'.
김지선 후보를 돕는 선거운동이 불가하다는 선관위 때문에
집에서 '짜파구리'를 만들며 이런 말도 했다.
"선거공보물 등에 후보와 함께 찍은 사진을 게재할 경우
최근에 찍은 것은 안 된다고 한다. 그러나 대법원 판결 전에
둘이 찍은 사진은 괜찮다고 한다. 사려가 끝을 알기 어려울 만큼 깊다!
그래서 선관위의 배려로 만들어진 시간을 소중하게 쓰기로 했다.
그 첫 번째는 표고버섯 짜파구리 만들기다."

# 바쁩니다

2018년 4월 20일
〈JTBC〉 '정치부회의'

〈JTBC〉 '정치부회의'에는 '한 끼 정치'라는 코너가 있다. 여기에서 기자는 노회찬 의원에게 이렇게 물었다.

"심상정과 노회찬이 부부 아니냐는 오해를 받은 적이 있다?"

노회찬 의원은 'O'를 눌렀다.

지방 같은 데 가면은 "아니, 왜 부인은 안 왔어요?"(라고 물어요).

기자가 "그럼, 뭐라고 하셔요?"라고 되물었다.

바쁩니다.

일일이 해명하기도 힘들 테니, 효율 높은 답이다. 그땐 웃었지만, 정치인은 말로 할 수 없이 바쁘다는 걸 아니 금세 정색하게 된다. 의원마다 다르고, 또 기자들 사주 봐주는 데 더 집중하는 의원도 있다지만, 진보정치인은 확실히 바쁘다. 저녁이 있는 삶은 고사하고 주말도 없는 삶이 일쑤다. 어느 방송에서 김미화 씨가 물었다.

"나중에 여유가 생기고, 일을 열심히 하셔가지고 뭔가 큰 성과를 이루시고 은퇴를 하셨을 때, 그때는 어떻게 지내고 싶으세요?"

저는 정치가 아닌 영역에서 좀 이렇게 자그마하게나마 봉사하는, 다른 분에게 도움이 되는 그런 일들을 할 수 있지 않겠는가 싶습니다. 무의탁 노인들 목욕시켜주는 일도 있고, 일은 많거든요. 일이 없는 게 아니라 사람이 없습니다. 그런 일을 힘닿는 데까지 하는 것이 소망이죠.[54]

좀 쉬고 싶다고 말했으면 했다. 그래도 되는 사람이었으니까.

---

난 한 시간 정도 쉴 권리가 있어.

°김어준과의 인터뷰.
집에 들어가서 자기 전에 한 시간 정도는
드라마를 보곤 했다면서.[55]

# 얼굴 좋네

2012년 12월
세브란스병원에서

사실 진보정당 활동가들은 그야말로 죽도록 일해왔다. 그 와중에 건강을 잃은 사람도, 세상을 뜬 사람도 많다.

민주노동당 활동을 시작했을 때 노회찬 사무총장 밑에서 일하던 오재영 조직실장, 이재영 정책실장, 조승범 홍보실장은 모두 이 세상에 없다. 각기 다른 이유로 그렇게 됐지만, 〈시사IN〉 천관율 기자의 표현처럼 이들이 모두 진보정당에 '삶을 갈아 넣었기 때문'이라고 보는 게 틀리지 않다.

이재영 정책실장이 세상을 뜨기 며칠 전, 세브란스병원으로 병문안을 갔다. 그때 노회찬 의원도 우연히 병실에 들어왔다. 살짝 웃으며 허망하게 이재영 실장이 말했다.

"심장 빼고 장기 전체에 전부 전이됐어."

"근데, 모르핀이 정말 좋아. 좀 편하게 잘 수 있다니까."

아무 말도 하지 못했다. 삐쩍 마른 얼굴에 야윌 대로 야윈 몸을 본다는 게 쉽지 않았다.

그때 노회찬 의원이 옆에서 말했다.


얼굴 좋네.


겨우 웃는 얼굴로.

참호에서 나와 적진을 향해 돌격하던 중 함께 뛰기 시작한 동료들이 하나둘 총을 맞고 쓰러지는 느낌이다. 진보신당 대변인 시절 언론국장을 맡았던 박은지 씨가 죽고부터 그런 생각이 들었다. 나는 여전히 앞으로 달려나가고 있지만, 이렇게 계속 갈 수 있을까.

# 타임머신이 있다면,
# 안 탈 거예요[56]

2012년 11월 16일
대학생언론협동조합 'YeSS' 인터뷰[57]

타임머신이 있다면, 안 탈 거예요. 돌이켜보면 후회가 되는 대목들도 있지만 부족한 것은 부족한 대로 놔두는 게 낫다고 생각합니다. 타고 싶은 유혹이 있을지라도 유혹을 끊고, 오히려 앞일을 생각하고 노력하며 사는 게 낫지 않나 생각합니다. 이렇게 말하면 나중에 타임머신 잘 안 팔리겠네요.

처음 봤다. 이렇게 말하는 사람. 살면서 후회되지 않는 인생이 없는데 말이다. 같은 인터뷰에서 이런 말도 했다.

초심이 흔들린 적은, 놀랍게도 없습니다. 그렇지 않고는 지금까지 올 수 없죠. 흔히 초심으로 돌아가야 한다는 말을 하는데, 이 말은 달리 말하면 초심에서 벗어난 상태라는 얘기예요. 그래서 초심으로 돌아가야 한다고 생각하기보다는 계속해서 초심을 유지하고 있다고 스스로 생각해요.

무던하고 지독한 사람이었다. 영웅 만들기는 싫지만 그는 정말 영웅이었을지도 모른다. 초심은 늘 흔들린다. 하루에도 몇 번씩…. 살면서 후회하지 않으려면 어떻게 해야 하느냐는 질문에 대한 답은 이랬다.

이 얘기 하나는 꼭 해주고 싶습니다. '자기가 가장 하고 싶은 일이 무엇인지에 대해 끊임없이 고민해라. 그리고 그것을 자신의 직업으로 삼도록 하라.' 여러 차원에서 인생의 행복을 찾을 수 있겠지만 저는 자기가 하고 싶은 일을 직업으로 삼았을 때 가장 행복하다고 생각합니다. (중략) 좋아하는 일을 하게 되면 많은 난관이 있어도 쉽게 극복할 수 있어요. 겨울에 추운 데서 얼음 뚫고 낚시하는 사람 보세요. 싫어하는 사람한테 돈 줄 테니까 하라고 하면 아무도 안 해요. 좋아하니까 하는 거지. 추운 데서 벌벌 떨고 있어도 좋아서 하는 사람에게는 그게 낙이죠. 좋아하는 일을 하면 악조건도 악조건이 아닌 게 되는 겁니다.

좋은 조건에서 일할 수 없었다는 건 다 안다. 우리가 증인이었고 동료였으니까. 노회찬 의원이 했던 일이 그에게 진심으로 좋아하는 일이었길 빈다. 그의 '어록'이, 좋아하는 일을 하는 사람에게서 나오는 기쁨의 말이었길 빈다. 그래도 타임머신이 있다면 안 탈 거라는 말은 별로다. 타임머신이 있다면 나는 탈 거다. 그때 그날로.

---

지금은 멸종에 가깝게 된, 희귀종이 된, 비유하자면 '추수에 대한 희망도 없이 씨앗을 뿌리려는' 아름다운 윤리적 주체들이 출연했던 시기.

°홍세화와의 인터뷰.
1980년대를 생각하면서.[58]

---

선택의 기로에서 어떤 선택이 최선의 선택인지 당장 알 수 없을 때는 가장 힘들고 어려운 길을 걸어라. 그것이 최선의 선택일 것이다.

°큰 조카 노선덕 씨가 유족 추도사에서
노회찬 의원이 생전 자신에게 해주었다며 전한 말.

---

역사의 반복이 아니라 내가 그냥 새로운 20대로 돌아간다면 과거 20대 때 어쩔 수 없이 이별했던 많은 것과 다시 만나고

싶습니다. 연애도 실컷 하고 첼로도 마음껏 연주하고 싶습니다.

°**한윤형과의 인터뷰.**[59]

———————

새로운 역에 도착할 때마다 많은 동료가 하차했다.

처음 출발할 때 나를 이끌었던 그 기관차를 타고 계속 달렸다.

°**구영식 기자와의 인터뷰.**[60]

# 2장

# 투명인간의 친구
# 노회찬

노회찬 의원은 언제나 국민이 먼저였다.
노동자·서민을 위해 살아왔고,
'투명인간'을 위한 정치를 역설했다. 우리
사회가 권력자와 기득권층 중심으로
돌아가고 있다는 점을 날카롭게 지적했다.
강자의 생각이 곧 상식인 사회에서 그
상식을 뒤집고 새로운 상식을 만들어온
그의 말에서 우리는 세상을 보는 명확한
관점을 얻는다.

019 · 국민

# 이분들이야말로
# 투명인간입니다

2012년 10월 21일
진보정의당 창당대회 대표 수락 연설

'투명인간'은 우리 어릴 적엔 일종의 로망이었다. 남들에게 들키지 않고 온갖 일을 할 수 있는 그 쾌감이라니. 방구석에 앉아 투명인간이 되면 무엇을 할 수 있을지 상상하던 게 꽤 여러 날이었다.

어른이 되어서도 가끔 '투명인간'이 되는 상상을 했다. 아찔했다. 길에 나서자마자 곧 죽을지도 모른다는 두려움이 밀려왔다. 신호위반하며 지나가는 차에 치어 죽는 상상은 매우 현실적이다. 운전자 눈에 횡단보도 위엔 아무도 보이지 않을 테니까.

6411번 버스라고 있습니다. (중략) 이분들은 태어날 때부터 이름이 있었지만, 그 이름으로 불리지 않습니다. 그냥 아주머니입니다. 그냥 청소하는 미화원일 뿐입니다. 한 달에 85만 원 받는 이분들이야말로 투명인간입니다. 존재하되 그 존재를 우리가 느끼지 못하고 함께 살아가는 분들입니다.

진보정의당 대표로서 노회찬 의원의 연설은 내 상상이 괜한 것이 아니라는 생각을 하게 했다. '나라의 운전자'들에게 길 위의 국민 다수는 투명인간일지도 모른다. 폭주하는 국가로 인해 죽고 다치는 사람들…. 명백한 신호위반이다. 민주주의라는 신호의 위반.

청소 노동자들이 최대한 일찍 버스를 타는 것은 청소하는 모습이 눈에 띄면 '사람들이 싫어하기 때문'이다. 멀쩡한 인간을 투명인간으로 만드는 건, 그러니까 신호를 위반하는 건 그보다 더 힘센 사람들이다. 그러니 정치는 투명인간을 그냥 인간이게 만드는 일이어야 한다.

2016년 국회가 사무실이 부족하다며 국회 청소 노동자에게 휴게실과 노조 사무실을 비우라고 했을 때 노회찬 의원은 노동자 편에 섰다.

공간이 없으면 우리 사무실을 같이 씁시다.
역할은 다르지만 한 건물에서 함께 일하는 분들이어서요.[1]

'이분들과 앞으로는 나라를 같이 사용해야 한다. 역할은 다르지만 한 나라에서 함께 일하는 분들이니까.'

노회찬 의원이 진짜 하고 싶었던 말은 틀림없이 이것이었을 것이다.

구로에서 강남으로 가는 6411번은 내가 늘 보던 버스였다. 집이 6411번 차고지 바로 앞이었다. 대신 나는 6411번을 탈 일이 많지 않아 차고지에서 나오는 다른 버스를 주로 이용했는데, 그때마다 6411번에 사람이 가득 찬 걸 거의 보지 못했다. 투명인간들이 이미 다 출발한 뒤의 버스를 봐왔던 것이다. 노회찬 의원의 연설을 듣고 난 뒤 반성했다. 그래야 할 것 같았다.

---

나는 이들을 306세대라 부른다.

°구영식 기자와의 인터뷰.
'386세대'라는 말에는 대학을 졸업했다는 의미가 들어 있는데,
1960년대에 태어난 30대 중에는 8(80년대 학번)자가 없는 사람들,
곧 고등학교 졸업 후 노동자가 된 사람들도 있다면서.[2]

## 020 · 국민

# 우리는 개인이 아니라
# 국민을 대표해서
# 이 자리에 와 있습니다

2006년 10월 17일
국회 법제사법위원회


국회 법제사법위원회(법사위)에서 '삼성 X파일 사건' 국정감사로 증인 출석 문제를 논의하던 현장이었다.

"이건희 회장은 현직 삼성그룹의 CEO입니다."

이건희 회장을 국정감사에 부를 자격이 있는지 부끄럽다는 취지로 한나라당 의원이 발언했다. 주성영 의원이었다. 주성영 의원은 2005년 9월 '대구 술자리 사건'의 당사자다. 국정감사가 끝나기 전부터 "대구의 밤문화를 보여주겠다." "광란의 밤을 보내자." "노회찬 의원이 서울 간다니까 끌어내리자" 같은 어지러운 말 문화를 선보인 그는 저녁에 열린우리당 의원, 한나라당 의원 그리고 검사 세 명과 함께 가진 술자리에서 여성들에게 차마 입에 담을 수 없는 폭언을 퍼부었다. 술로 입을 채우기엔 부족했던 건가.

이 일 때문에 국회의원 자격이 있는지 부끄럽다는 말은 아니었다. 상대가 이건희 회장이니 국회의원의 자격을 거론한 것이다.

우리는 개인이 아니라 국민을 대표해서 이 자리에 와 있습니다. 우리가 삼성그룹 이건희 회장을 '부를 자격이 없다'라는 얘기는 바로 '우리 국민이, 우리가 대표하는 우리 국민이 삼성그룹 이건희 회장을 부를 자격이 없다'라는 얘기와 마찬가지이기 때문에 받아들일 수 없습니다.

노회찬 의원의 답이다.

국민이 국회의원에게 부여한 자격은 국민에게 대놓고 욕할 자격이 아니라, 재벌 회장을 증인으로 국감장에 세울 자격이다. 노회찬 의원 덕분에 이날 주성영 의원은 국회의원으로서의 자격을 회복했다.

## 021 · 국민

# 낙선인사란 낙선자가
# 사과하는 인사라는 것을
# 첫날부터 알게 되었다[3]

2008년 낙선 후
4월 18일 '난중일기'

2008년 국회의원 총선거. 창당한 지 24일 만에 진보신당은 총선을 치렀다. 출구조사가 나왔다.

"무소속 기타 정당에는 진보신당의 의석 0에서 2석이 포함되어 있습니다."

당사는 적막도 환호도 아닌 어정쩡한 분위기였다. 그 의석이 노회찬과 심상정의 몫인지, 비례후보 두 명이 당선될 것이라는 이야기인지 알 수 없었기 때문이다. 다만 모 방송국의 출구조사에서는 방송 초반에 관심 지역 당선자를 몇 군데 뽑아 보여줬는데, 그 화면에서 노회찬 후보의 출마 지역이었던 서울 노원병의 당선자는 홍정욱이었다. 출구조사는 정확했다.

기쁜 마음으로 기대를 갖고 투표했다가 결과에 실망한 분들이 심경의 일단을 털어놓을 때마다 나는 영락없는 죄인이다. 일주일째 낙선인사를 다니고 있지만 낙선인사란 낙선자가 위로받기 위한 인사가 아니라 사과하는 인사라는 것을 첫날부터 알게 되었다.

"당신이 사과할 일은 아닙니다."
노회찬 의원이 앞에 있다면 지금이라도 이렇게 말해주고 싶다. 노회찬 의원의 말이 맞다 하더라도.
그는 일기를 이렇게 맺는다.

시인 안도현이 우리에게 물었다.
"연탄재를 함부로 발로 차지 마라. 너는 누구에게 한 번이라도 뜨거운 사람이었느냐."
오늘 나는 나에게 묻는다.
"너를 거부한 사람들을 섭섭하게 생각하지 말라. 너는 그들에게 한 번이라도 희망이 된 적이 있느냐."

먼 옛날, 사람들의 살림살이를 돌보던 제사장들은 꼭 날씨부터 챙겼거든요.

오늘 밤에 돌풍이 분다는 날씨 예보는 챙겼는데, 이거 바람까지 야당을 탄압하네, 허허.

# 정치보복 당한 것은
# 그를 뽑아준 국민입니다

2018년 3월 13일
트위터

이상한 논리를 펴는 사람들이 있다. "대통령이 감옥에 가는 건 나라의 수치다" 같은 주장을 하는 사람들이다. 대통령이 감옥에 갈 정도로 나쁜 짓을 했다면 나라의 수치가 맞다. 그러나 잘못한 대통령을 감옥에 보내지 못한다면 그게 진짜 수치다. 도둑질한 사람은 감옥에 보내야 한다. 그러나 도둑질한 사람이 대통령이라면 감옥에 보내면 안 된다? 우리 법에 그런 내용은 없다.

잘못한 대통령을 감옥에 보내지 않게 하려는 논리는 다양하다. 이명박 전 대통령의 비리 및 범죄 혐의와 관련해 검찰 수사가 시작되자, 자유한국당은 '정치보복'이라며 반발했다. 정진석 의원은 페이스북에 "다음은 너희들 차례다"라고 썼고, 장제원 의원은 "지금 이 순간 결코 잊지 않겠다. 눈물이 자꾸 흐른다"고 적었다. 억울한 게 많은 모양이다.

110억 원대 뇌물수수, 350억 원대 횡령 등 12개 혐의. 사람이 한 가지 일도 잘해내기 힘든데 12가지 일이나 했다니 대단하다. 이런 재능 있는 사람을 잃는 슬픔.

정치보복 당한 것은 본인이 아니라 압도적 표차로 그를 뽑아준 국민입니다.

노회찬 의원의 반응은 이랬다. 보복당한 건 국민이라고. 그렇다. 경제를 살리겠다던 대통령이 도둑질만 했으니 말이다. 2018년 3월 22일 트위터에 노회찬 의원은 이명박 전 대통령의 감옥행에 대해 한 번 더 글을 남긴다.

예우를 받지 못한 것은 그들이 아니라 오히려 국민입니다. 참담합니다. 그래도 이 나라가 흔들리지 않는 것은 위대한 국민이 버티고 있기 때문입니다.

예우 운운하는 사람들이 있었다. 그러나 이명박 전 대통령은 구속되고 나서도 '예우' 차원에서 네 평 가까운 방을 배정받았다. 박근혜 씨 방보다 넓다. 전담교도관도 있다. 언론 보도에 따르면 서울동부구치소 측은 12층 전체를 비웠다고 한다. 같은 층에 운동시설도 있는데, 다른 사람 마주칠 일은 없다고 한다. 방에는 텔레비전이 벽에 걸려 있고, 사물함과 식탁 겸 책상, 거울, 싱크대도 있다. 내 대학 시절 자취방보다 넓고 살림살이는 더 많다.

2019년 들어 이명박 전 대통령은 보석으로 풀려났다. 법원 판단에 납득 못하는 국민이 많았다.

> 대한민국에 살아계신 전직 대통령은 모두 네 분입니다. 그중 두 분은 이미 다녀왔고, 한 분은 가 계시고 나머지 한 분은 가게 될 것 같습니다. 정말 이게 나라입니까? 대한민국에서 가장 힘든 자리는 바로 국민입니다.[5]

이명박 전 대통령이 감옥에 가기 전에 노회찬 의원이 올렸던 트윗이다. 그때부터 핵심을 정확히 짚었다. 가장 힘든 자리는 바로 국민이다.

# 옆에서 굶고 있는데
# 암소갈비 뜯어도 됩니까?

2004년 4월 9일
'총선 D-6 SBS 대토론 이것이 여론이다'

돈 많이 벌어서 비싼 음식 먹은 거 누가 탓합니까. 그런데 옆에서는 굶고 있다는 겁니다. 옆에서 굶고 있는데 암소갈비 뜯어도 됩니까? 암소갈비 뜯는 사람들 불고기 먹으라 이거예요. 그럼 옆에 있는 사람 라면 먹을 수 있다 이거예요.

부유세 도입을 주장하면서 노회찬 의원은 텔레비전 토론에서도, 어느 시민단체의 강연회에서도 이렇게 말했다. "부자에게 세금을 서민에게 복지를"은 2004년 총선 당시 민주노동당의 핵심 슬로건이었다. 공약 중 하나는 부유세였는데, 부유세를 노회찬 의원은 '암소갈비와 라면'으로 설명했다.

'모든 국민이 잘사는 세상' '국민이 행복한 나라' 따위의 고만고만하고 약아빠진 설명보다 백배 낫다. 모두를 행복하게 만들겠다고 주장하는 정치세력치고, 실제 국민 모두를 생각하는 세력은 없으니까. 양극화를 있는 그대로 드러내는 것이 국민이 우선인 정치인의 책무다. 노회찬 의원은 기회가 있을 때마다 그렇게 했다.

사실 이 비유는 성에 차지 않았다. 나는 그때 '모두가 불고기 먹는 세상' 정도를 염원했는데, 노회찬 의원은 부자는 불고기 먹고, 가난한 자는 라면 먹는 세상을 제안했으니 크게 만족스럽지 않았다. 텔레비전을 보며 '라면으로는 부족한데' 했던 기억이 꽤 생생하다.

그러나 현실적이었다. 재산을 모두 빼앗아 나눠주자는 것도 아니고, 라면 정도 살 수 있을 만큼 세금을 더 걷자는 것이니 누구나 수긍할 만한 내용이었다. '빨갱이론'이 난무하는 세상에서 부유세 설명으로는 확실히 적합했다.

다만, 그때 소갈비라고 하지 않고 암소갈비라고 한 것은 요리하는 노회찬 의원의 취향이 반영된 것이었을까? 이 점만은 여전히 궁금하다.

---

정유라가 돈도 실력이라고 말했을 때 수많은 사람이 분노한 것은 그것이 거짓이어서가 아니라 사실이었기 때문입니다. 어

느 철부지의 철없는 주장이 아니라 우리 모두가 알고 있는 대한민국의 적나라한 치부에 대한 조롱이었기 때문입니다.

°2017년 2월 9일 원내 비교섭단체 대표 연설.

———————

많은 사람이 최순실과 정유라를 거론합니다. 그러나 그들은 단지 불씨를 던졌을 뿐입니다. 이미 대한민국은 인화물질로 가득 찬 화약고였습니다. 바로 불평등, 불공정이라는 인화물질 말입니다.

°2017년 2월 9일 원내 비교섭단체 대표 연설.

# 강남·북 부자들의 격차를
# 해소했을지는 몰라도
# 강남·북 격차를 해소한 것은
# 아닙니다[6]

2010년 5월 18일
〈MBC〉 '100분 토론'

서울시장 선거는 악전고투의 연속이었다. 오세훈 후보의 견제도 있었고, '민주시민'들의 비난도 컸다. 노회찬 의원은 선거운동의 가장 유력한 방편이자 자신의 주특기였던 텔레비전 토론에서 배제되었다.

공식 선거운동 시작 전, 딱 한 차례 '100분 토론'에 나갔는데, 그때 노회찬 의원은 늘 그렇듯 한나라당 오세훈 후보를 압도했다.

거꾸로 타는 보일러가 있다는 얘기는 들었지만, 복지 공약이 왜 이렇게 자꾸 거꾸로 축소되는지 제가 묻고 싶은 심정입니다.

(자율형사립고인) 하나고등학교가 무슨 강남·북 교육 격차를 해소합니까? 강북에다가 루이비통 명품관을 지어 놓으면 강남·북 격

차가 해소됩니까? 강남·북 부자들의 격차를 해소해줄지는 몰라도 강남·북 격차를 해소한 것은 아닙니다.

국가가 발전하면 국민도 발전한다는 생각, 경제가 성장하면 서민도 살 만해진다는 주장, 회사가 잘나가면 노동자들 처지도 좋아진다는 말…. 다 오래됐고 편협하다. 현실이 이렇지 않다는 걸 이제 다 안다. 국가가 발전한다고 내 삶이 나아진다는 보장은 없고, 경제가 성장해도 서민은 여전히 살기 힘들다. 회사가 잘나가도 월급은 그대로다.

어쩌면 이렇게 주장하는 게 옳다. 국민의 삶을 담보로 국가가 발전했고, 서민을 양극화의 한 쪽 끝으로 몰아넣어 경제가 성장했으며, 노동자들 인건비를 줄여 회사가 커졌다. 생각이 여기까지 미치게 된 데는, 전체의 발전이 개인의 발전이 아니라는 점, 사실 우리 사회는 개인을 희생양 삼아 전체를 발전시켜왔다는 점을 드러낸 말들의 도움이 컸다. 노회찬의 말도 분명 그 가운데 하나다.

—————

천장에서 비가 새고 있는데 디자인 좋은 벽지로 방을 도배할 겁니까?

°2010년 5월 18일
'100분 토론－선택 2010, 서울시장 후보 초청 토론' 중에서.

# 산업 발전에 기여한 노동자이므로
# 형을 감형한다,
# 이런 예를 본 적이 없습니다

2004년 10월 14일
국정감사

'수십 년간 땀 흘려서 농사를 지으면서 우리 사회에 기여한 점을 감안하여 감형한다'거나 '산업재해와 저임금에도 불구하고 수십 년간 땀 흘려 일하면서 이 나라 산업을 이만큼 발전시키는 데 기여한 공로가 있는 노동자이므로 감형을 한다', 이런 예를 본 적이 없습니다.

회사에 들어갈 때 정장을 입고 기세등등하던 재벌이 법원이나 검찰을 오갈 때 착용하는 흔한 아이템은 환자복에 마스크다. 반쯤 고개를 숙이며 연출하는 '반성하는 표정'은 기본. 이 오래되고 불성실한 패션에 대한 법원의 화답이 '국가경제에 이바지한 공이 크므로…'

였다.

국가가 노동자보다는 기업 편이고, 서민보다는 부자 편이라는 점을 이보다 잘 나타낸 표현은 없을 것이다. '유전무죄 무전유죄'가 이를 신랄하게 비꼰 냉소였다면, 어느 텔레비전 토론에서 나온 "30년 동안 노동자로 일해왔기 때문에 형을 경감한다, 이런 판결 있습니까? 없잖아요"라는 말은 그 업그레이드 버전이다.

노회찬 의원의 노력에도 여전히 대한민국에서 이재용은 '보석'으로 나오고, 대한항공 조현아, 이명희는 집행유예를 선고받는다. '이재용도 한 표, 나도 한 표'라는 민주주의 원리가 허망하다.


날이 추우면 몸이 약한 사람들이 힘들어지듯이 경제가 어려워지면 가진 게 적은 사람부터 고통이 더 많아지기 마련입니다.

°2012년 1월 10일
'노회찬·조국 북콘서트'


6선이면 더 감형 사유가 됩니까?

°2004년 10월 14일 서울고등법원·서울지방법원 국정감사.
한나라당 차떼기 사건에서 피고인 중 한 명이
3선 국회의원인 점이 감형 사유가 된 것을 지적하며.

# 저도 다년간 법무부의
# 보호와 관찰하에
# 고락을 함께한 법조인입니다

2004년 10월 14일
국정감사

2004년 10월, 국정감사장에서였다. 그때 노회찬 의원은 법사위원이었다. 애초 정무위를 준비했는데 느닷없이 법사위원이 됐다. 법사위원은 대부분 사법고시 출신이었다.

법사위는 국정감사장에서는 엄격한 분위기였으나 사석에서는 마치 동문회 같았다고 노회찬은 전한다. 그랬으니 법원이나 검찰, 국회가 한통속일 수밖에 없었다. 삼권분립은 기대하기 어려웠고, 법이 국민의 편일리도 없었다.

국정감사장에서 감사를 받던 고등법원장 가운데 한 사람이 이렇게 말했다.

"노회찬 의원은 법조인 출신이 아닌데도 법률과 법무 행정에 해박

하시고…"

이 말을 들은 노회찬 의원의 반응은 이랬다.

저도 다년간 법무부의 보호와 관찰하에 고락을 함께한 법조인
입니다.

노회찬 의원은 몇 년간 수감생활을 했다. 그는 법조인이 아닌 국민
이야말로 법과 긴밀하게 관련된 사람이라는 점을 말하고 싶었던 것
인지도 모른다. 그래야 국민이 법의 주인이 될 수 있으니. 실제로 그는
한 책에서 이렇게 언급했다.

민주화 이후에도 여전히 국민의 신뢰를 얻지 못하는 사법 현실에
서 법과 정의의 문제를 다루는 데에는, 이제 전혀 새로운 시각과
접근이 필요했다. 법을 틀어쥐고 운용하는 사람이 아니라 법에 짓
밟히거나 법의 도움을 받지 못하는 사람들의 시각이 필요했다. 법
관, 검사가 아니라 피고인, 피의자의 처지에서 사법 현실을 바라보
는 새로운 시각이 절실했다. 법의 지배하에서 살아가는 많은 국민
이 느끼는 법감정을 대변하는 게 내가 해야 할 일이었다.[7]

언젠가 텔레비전 토론에서 한나라당 의원이 자기가 법조인 출신임
을 강조하자 노회찬은 이렇게 말했다.

나도 지난 50년간 법의 지배하에 살아온 사람입니다.

법의 지배를 받으며 살아가는 국민의 시각을 대변하는 국회의원이
바로 노회찬이었다. 국민 모두가 '법조계 인사'다.

# 인권침해라고
# 제소해야 할 사람은
# 일반 수용자들입니다

2017년 10월 19일
국정감사

2017년 10월, 박근혜 씨가 "구치소에서 인권침해를 당했다고 주장했다"는 언론 보도가 있었다. 법무부와 서울구치소 측은 즉각 반박했다. 박근혜 씨가 수용된 방은 서울구치소의 3.2평 독방이었다. 애시당초 6~7명이 같이 쓰는 방을 구치소가 특별히 개조한 것이었다. 노회찬 의원은 법무부와 다른 접근법을 선보였다. 박근혜 씨가 아니라 일반 수용자들의 수용 면적을 국감장에서 직접 보여준 것이다.

지난해 12월에 헌법재판소가 서울구치소 내 과밀 수용에 대해 위헌 결정을 내린 사실을 혹시 알고 계십니까? 일인당 실제 수용 면적은 1.06제곱미터입니다. 신문지 두 장 반이 조금 안 됩니다.

제가 실제 내용을 전달하기 위해 한번 보여드리겠습니다.

노회찬 의원은 신문지 두 장 반을 붙여 만든 공간 위에 직접 누웠다. 법무부의 오랜 보호와 관찰하에 있던 법조인이었기에 가능한 일이었다.

참고로 박근혜 대통령이 어저께 CNN을 통해서 UN 기구에 (자신이 수용된) 교도소 수용 상태에 대해 인권침해라며 제소한다고 하고 있는데, 박근혜 대통령이 지금 살고 있는 거실의 면적은 10.08(제곱미터)입니다. 지금 헌법재판소에서 위헌이라고 판정 내린 사람이 쓰고 있던 수용 면적의 10배를 쓰고 있어요. 지금 인권침해라고 제소해야 할 사람은 박근혜 대통령이 아니라 일반 수용자들입니다.

이 일로 노회찬 의원은 정의당 성북구위원회 당원 일동으로부터 2017년 11월 15일에 상장을 받는다. 상 이름은 '신문지 두 장 반상'. 내용은 이랬다.

"위 사람은 대한민국의 진보정치인으로 정치가 사람들에게 쾌감을 줄 수 있다는 사실을 몸소 실천하였으며, 국회 맨바닥의 차가움을 경험해보았기에 이 상을 드립니다."

# 경제 살리겠다고 약속하고선
# 본인 경제만 챙긴 대통령

2018년 3월 13일
트위터

"경제를 살리겠습니다."

선거 때마다 경제는 응급처치의 대상이었다. 내 방 화초보다 자주 죽는 게 대한민국 경제다. 사실 늘 죽는 건 서민경제고, 역대 대통령이 대체로 살려왔던 건 부자경제였다. 경제를 살리겠다는 말에 서민들은 투표를 했고, 그 투표를 바탕으로 대통령들은 부자들만 살린 것이다. '경제'만큼 하나의 단어가 정반대 의미를 갖고 있는 경우는 많지 않다. 된장찌개는 모두에게 된장찌개이고, 책은 모두에게 책이지만, 경제는 모두에게 같은 경제가 아니다.

당연하다. "이번에 아파트 샀어"라는 말은 아마도 부자에게는 '강남의 수십 억대 아파트를 투기 목적으로 샀다'는 의미일 테고, 중산층에게는 '열심히 모은 돈에 대출 좀 끼어 드디어 집 한 채 장만했다'는 뜻일 것이며, 서민에게는 '평생 할 수 없는 말'일 테니.

MB, 드디어 검찰청 포토라인에 섰군요. 경제 살리겠다고 약속하고선 본인 경제만 챙긴 대통령 (중략) 늦었지만 청소하기 좋은 날이 왔습니다. 이 기회에 말끔히, 깨끗이 청소해야 합니다.

2018년 3월 13일, 노회찬 의원이 트위터에 남긴 말이다. 경제가 다 같은 경제가 아니고 정말 중요한 것은 서민경제라는 의미. 이명박 씨가 살린 건 본인 경제라는 말 속에 그 뜻이 담겨 있다. 중요한 건 모든 경제가 아니라 보통의 사람을 위한 경제다.

국가 경영의 좋은 CEO일 줄 알았던 이명박 전 대통령은 자기 먹을 것만 챙긴 나쁜 사장이었다. 본인 경제만 살린 대통령이 감옥에 가는 건 이치를 따지다 보면 도달할 자연스러운 결론이다.

# 다른 나라 국민의
# 인심을 얻겠다는 건가

2009년 11월 19일
〈MBC〉 '100분 토론'

"인기를 끌고 인심을 얻는 데는 관심이 없으며, 대한민국을 선진화하고 모든 분야에서 한 단계 업그레이드한다는 단단한 각오로 일하고 있다."

2009년 11월, 싱가포르 동포 및 기업인 간담회 자리에서 이명박 대통령은 이렇게 말했다. 당장의 인기에 연연하지 않고, 국가 목표에 매진하겠다는 취지로 이해한다. 4대강 사업 등이 그 목표였다.

임기 중에 국민의 민심을 얻는 데 관심이 없다는 말은 대통령으로서는 폭탄 발언이다. 자기의 역할을 부정하는 것이니 자폭 발언에 가깝다.

역대 정권도 소통의 문제가 없었던 건 아닙니다. 그러나 역대 어느 대통령도 임기 중에 인심을 얻는 데 관심이 없다(고 말하지 않았습니다). 국민의 마음을 얻는 데 관심이 없으면 어디에 관심이 있는지, 다른 나라 국민의 인심을 얻겠다는 건지, 도대체 그 관심이 어디에 있는 건지 몹시 궁금합니다.

어떤 대통령은 미국 민심에 기댔고 또 어떤 이들은 일본 민심에 기댔다. 노회찬 의원 농담의 이면을 진지하게 '분석'하자면, '이명박 대통령은 정치적 기반을 다른 나라에서 찾는 것입니까?' 정도 되겠다. 쓸데없는 분석이다. 그냥 민심과는 반대로 움직이는 대통령에 대한 조롱이다.

그렇다고 이명박 전 대통령이 누구의 마음도 따르지 않았던 건 아니다. 자신의 마음에는 충실했다. 그렇지 않았다면 전국을 토건판으로 만들고, 수백억의 뇌물을 수수하고, 역시 수백억을 횡령하는 게 쉽지 않았을 것이다. 마음 가는 대로 움직이기. 그것이 이명박의 힘이었다.

---

지난 20년간 우리나라 민주주의는 점진적으로 발전해왔다고 저는 생각합니다. 특히 지난 10년간 많은 발전이 있었습니다.

단, 최근 1년 6개월은 빼고서.

°2009년 11월 19일 〈MBC〉 '100분 토론'.
이명박 정부의 소통 부족을 지적하며.

_____

먹튀 자본은 들어봤지만 풀튀 정권은 처음 들어봅니다.
회사 퇴직하면서 회사 기물 가지고 그냥 나가는 것과 비슷한
직권남용의 대표적인 사례죠.

°2013년 1월 28일 〈CBS〉 '김현정의 뉴스쇼'.
이명박 정권 말기 친형 이상득 전 새누리당 의원과
최시중 전 방송통신위원장 등 측근에 대해 특별사면을 검토하자
'풀어주고 튀는' 정권이라면서.

_____

여름휴가 때 《정의란 무엇인가》를 읽었다고 하는데 아무래
도 내가 잘못 본 것 같다. 대통령이 읽은 책은 《정의란 무엇인
가》가 아니라 《정이란 무엇인가》가 아닐까.

°2016년 8월 31일 '국민 TV 특강'.
비리 혐의를 받은 이명박 전 대통령의 친인척이
솜방망이 처벌만 받은 것을 두고.

_____

저야 정치인이니까 고맙죠. 안티도 관심인데. 각도만 좀 다를
뿐 여러 각도에서 관심을 가져주시는 거야 고마운 일이고.

°2014년 7월 1일 '한겨레담'.

안티에 대처하는 방법을 묻는 진행자의 질문에.

내가 드릴 수 있는 최대의 성의는 짧은 축사다.
　°2012년 11월 4일 일요일 오전에 참석한 체육대회에서
　행사가 길어질수록 주민은 불편하다면서.
노회찬 의원은 동네에서도 주민의 민심을 얻기 위해 최선을 다했다.

저는 고향이 어디냐는 물음에 이렇게 답합니다. "노동자 서민
의 땀과 눈물과 애환이 서려 있는 곳, 그곳이 나의 고향입니다."
　°2016년 2월 1일 총선 창원 출마 선언문.[8]

조금 전에 우리 장광근 의원께서 광풍이 불었다고 하셨는데,
미친 바람인 거죠, 광풍이라는 게. 지금 민심을 미친 바람이
라고 말하는 것은 좀 곤란하지 않을까, 탄핵 때문에 분개했던
국민이 한 번 더 분개할 일이 아닐까 하는 말씀을 한 번 더 드
리고 싶고요.
　°2004년 4월 3일 〈KBS〉 '심야토론'.

# 민의의 전당이라고 했는데
# 민의가 없는 거죠,
# 자의만 있는 거죠

2018년 6월 27일
〈tbs〉'김어준의 뉴스공장'

촛불혁명 그리고 정권교체. 이 정도면 국가가 확실히 새로워져야 하는 것 아닌가 기대하는 국민이 많다. 실상은 그렇지 않다. 국회가 단단히 한몫하고 있다. 사법부도 만만찮다. 분립된 삼권 중 바뀐 건 행정부뿐이다.

국회가 제대로 된 개혁법안 하나 처리하지 못한다는 비판이 내내 계속되고 있다. 비판은 당연하다. 국회가 국민을 닮지 않았으니 국민의 바람을 쉽게 수용할 리가 없다.

2018년 6월, '김어준의 뉴스공장'에서 휴가 간 김어준을 대신해 진행자 장윤선이 물었다.

**장윤선** 개혁입법 동맹을 통해 반드시 통과돼야 하는 법 세 가지가 있다면 무엇입니까?

**노회찬** 그중 하나가 공수처법입니다.

노회찬 의원은 "공수처법이 당연히 포함되어야 한다"고 말하며, 상가임대차보호법, 미투법안 등을 추가로 언급했다.

"국회가 민의를 대변하는 민의의 정당이라면 그 이름에 걸맞은 행동을 해야 하는데, 전혀 민의와 상관없는 일들을 하고 있으니 국회 불신이 제일 높아요."

진행자 말에 노회찬 의원은 이렇게 대답했다.

(국회가) 민의의 전당이라고 했는데 민의가 없는 거죠, 자의만 있는 거죠.

국민 눈높이에서 세상을 바라보는 사람은 '국민' 눈높이에서 벗어난 것들을 예리하게 포착한다. 그건 무엇이 됐든 '자의'다. 그 인터뷰에서 "국회가 지금 뭘 하는지 국민이 잘 모릅니다. 뭐하고 계십니까?"라는 진행자의 거의 마지막 질문에 노회찬 의원은 이렇게 말한다.

저도 잘 모릅니다. 건물은 그대로인 걸로 알고 있습니다.

마지막 유머는 여러 번 생각해봤는데, 약간 자의적이다.

___

국회는 민의의 전당이라고 그러지 국회의원의 전당이라고 얘기 안 합니다. 민의의 전당에서는 민의가 이겨야 합니다. 당끼리 의견이 다르면 민의를 좇아가면 되는 거라고 생각합니다.

°2017년 6월 13일 '김어준의 뉴스공장'.
김상조 공정거래위원장 후보자와 강경화 외교부장관 후보자
인사청문보고서 채택에 다른 야당이 협조하지 않는 것에 대해.

___

만일 여기 모이신 정당들이 국민의 목소리를 들을 줄 안다면 정기국회는 순항할 것입니다. 국민의 목소리를 들어야 하고, 잘 안 들리면 도청을 해서라도 국민의 목소리를 좀 들으시라고 강력하게 얘기하고 싶습니다.

°2005년 9월 23일 〈KBS〉 '심야토론'.
정기국회와 관련해 토론할 때. 삼성 X파일 이야기를 한참 한 뒤였다.

___

경찰 병력이 버스로 철벽을 두른다고 해도 국회가 진심으로 민심으로 돌아가지 않으면 국회는 안전하지 않습니다.

°2004년 11월 12일 대정부질문 도중 "오늘 국회 앞 철문이
잠겨 있기에 물어보니 시위대가 들어올지 몰라서 잠궜다고 했다"고
지적하며. 노회찬 의원은 "임진왜란 때 경복궁을 불태운 것은

왜병이 아니라 백성을 버리고 달아난 선조에게 화가 난 백성들"이라면서
"오늘 같은 국회 정상화가 아닌 진심으로 민심을 위한
정상화가 되어야 국회 문을 열어도 안심할 수 있을 것"이라고 했다.

그 가사 중에 님은 떠났다고 하면서 마음 주고, 표도 주고 다
줬는데, 왜 떠나버렸느냐 (하는 내용이 있습니다). 그러니까 민심
을 떠나버린 국회를 질타하는 것처럼 들립니다.

　° 2018년 4월 20일 〈JTBC〉 '정치부회의'.
　김추자의 〈님은 먼 곳에〉를 소개하며.

배지가 한문으로 돼 있어서 바꿔달라고 했어요. 한자 바깥
게 안 보이기 때문에 의혹할 때 '혹' 자가 되어 있어요. 의혹이
많은 집단이잖아요. 저희들은 의혹을 없애기 위해서 왔고. 그
래서 그걸 한글로 '국' 자로 바꿔줄 때까지 저는 안 달 겁니다.

　° 2004년 국회 등원 첫날 타당 의원이
　왜 국회의원 배지를 안 달았냐고 묻자. 당시 한문으로 되어 있던
　국회의원 배지는 '나라국' 자의 바깥 'ㅁ' 구분이 잘 안 되어
　'或' 자로 보였다. 사실 의혹할 때 혹은 '惑'이다.

국회의원 선서문이 이제 한글로 바뀌었기 때문에 내용을 몰
라 (선서를) 못 지켰다는 변명은 통할 수 없다.

　° 2012년 7월 11일 트위터.
　그전까지 국회 개원식 선서문은 한문으로 가득했다.

국회가 대변하고자 하는 것은, 한문을 잘 이해하는 국민만 대변하는 것이 아니라 한글만 이해하는 국민도 대변하고자 함인데, 이런 식으로 국민이 다 알기 어려운 한자를 고집하는 이유가 무엇인지 의문입니다.

°2012년 7월 19일 기자회견.
국회 깃발과 국회 배지를 한글로 바꾸기 위한 개정안을 제출하며.

대만에 계시는 분, 중국 본토에 계시는 분을 의식해서 그랬는지 모르겠지만 이것은 국어기본법의 기본 취지와 정신에도 어긋나는 일입니다.

°위 기자회견에서 국회의원 중 20명이 공문서에
자신의 이름을 한문으로만 표기하도록 신청한 것을 비판하며.

모든 공문서는 한글로 작성한다는 국어기본법 정신에 따라 국회의원 명패도 한글로 써야 한다. 집권당 당대표를 위시해서 한자 표기를 고집하는 분들은 선거구를 중국으로 옮기든가 명패를 한글로 바꾸든가 선택을 해야 한다.

°2015년 10월 8일 트위터.

# 국민 사이다
# 노회찬

노회찬 의원은 대통령부터 야당 대표,
재벌까지 우리 사회의 모든 권력을
거침없이 풍자했다. 오직 말의 힘, 그것이
노회찬 의원이 가진 최고의 무기였다.
노회찬 의원의 말이 '촌철살인'이었던
건 그의 칼끝이 권력을 향해 있었기
때문이다. 노회찬 의원의 말을 통해
우리는 권력의 위선과 부조리를 깨닫고
그들과 맞설 힘을 키웠다. 그의 말을 듣고
키득거리며 웃는 것만으로도 우리는
힘이 났다.

# 타잔이 되어야만
# 이 동물들을 다룰 수 있다

2004년 3월 3일
'난중일기'[1]

2004년 총선은 한국 정치사에서 기념비적이었다. 민주노동당이 원내 진출을 했고, 새로운 의제들이 다수 제안되었기 때문이다.

라디오 토론이니 점잖게 진행될 줄 알았는데 시작부터 난투극이다. 5분도 채 되지 않아 서로 사과하라고 언성 높인다. 국민 앞에 고개를 들 처지도 아닌데 희대의 영웅처럼 큰소리다. 〈CBS〉의 좁은 스튜디오가 동물원 우리처럼 느껴진다. 이러니 점잖고, 상식적이고, 순박한 사람들은 정치권을 꺼리지 않는가. 그 정치권에 이제 민주노동당이 들어간다. 타잔이 되어야만 이 동물들을 다룰 수 있다.

정치는 갈등을 다룬다. 이해관계가 충돌하는 사람들이 총 대신 말로 싸우는 곳이니 난투극이 일상이다. 당연한 일이다. 다만, '난투'의 양상이 품격 있는가 그렇지 않은가는 중요하다. '난투'의 주제가 우선 중요한 것은 물론이다.

"여기서 기후변화 문제로 의원들이 치열하게 토론하는 걸 보다가 한국 정치인들이 싸우는 걸 보면 고개를 절레절레해요."

독일 정치를 살펴보러 간 자리, 베를린에서 만난 한국인이 해준 말이다. 정치가 다루는 주제가 삶의 주제라면 토론은 치열할 수밖에 없다. 바람직하다. 이에 더해 정당에서 민주주의 훈련을 충분히 받은 정치인들이 논리 대 논리로 격돌한다면 더 바람직하다. 무대 위에서 게임의 규칙을 지키며 혼신을 다해 경기하는 권투선수에게 관중은 열광한다. 이럴 때 언론은 '난투극'이라 흔히 쓰지만, 관중은 환호한다.

노회찬은 정말 타잔이 되어 나무와 나무 사이를 자유롭게 오가며 숲의 생명들과 교감했다. 동물들도 그 앞에선 꼬리를 내렸다.

# 밖에서는 국민을 괴롭히더니,
# 안에서는 사회자를 괴롭히네요

2004년 4월 4일
〈KBS〉 '100인 토론'

2004년 총선. 당시 유명했던 말은 '삼겹살 불판론'이었지만, 내가 더 좋아했던 건 이 말이다.

밖에서는 국민을 괴롭히더니, 안에서는 사회자를 괴롭히네요.

당시 김형오 한나라당 의원과 신기남 열린우리당 의원, 박준영 민주당 선대본부장, 김학원 자민련 의원이 서로 발언하는 통에 사회자가 자제를 부탁하는 와중이었다. 텔레비전으로 그 광경을 본 나는 한참 키득거렸다. 토론장에 있던 사회자도, 다른 토론자도 마찬가지였다.

사회자는 토론자들을 제지하는 데 어려움을 겪고 있었다.

"잠시만요, 이렇게 다 말씀하시면 토론 진행이 안 됩니다."

"그만해주세요."

"제 말씀 좀 들어보세요."

사회자의 말을 전혀 듣지 않던 토론자들은 노회찬 의원의 한 마디에 모두 말을 멈추고 웃었다. 사람을 집중시키는 힘, 그중 제일은 유머였다.

다른 토론도 마찬가지지만 총선을 앞두고 벌이는 정당 간 토론은 그야말로 불꽃이 튄다. 토론 때마다 발언권을 두고 다투는 일이 많다. 또다른 토론에서도 예의 그 발언권 다툼이 벌어졌다. 한나라당 측이 강하게 발언권을 주장하자 노회찬 의원은 또 이렇게 말했다.

불법 대선 자금 많이 받은 순으로 발언도 많이 하는 겁니까?[2]

요새 나타나는 대표들마다 국민에게 사과하기 바쁩니다. 국민도 바쁩니다 지금, 사과받느라고.

°2004년 4월 3일 〈KBS〉 '심야토론'.

지금 당사 다 어디로 갔습니다. 천막으로 가고 무슨 공판장으

로 가고, 지금 제일 가난한 민주노동당이 여의도에서 제일 버
젓한 건물에 있어요. 말이 됩니까, 이게?

°2004년 4월 3일 〈KBS〉 '심야토론'.

자민련도 아까 좋은 말 많이 하시던데, 4년 동안 안 보이다가,
학교도 안 나오다가 이제 와서 그렇게 하면 안 되는 거예요.

°2004년 4월 3일 〈KBS〉 '심야토론'.
선거 때 되니까 그럴듯한 정책을 발표하는 자민련을 꼬집으며.

민주노동당이 민주당보다 지지율 높게 나왔는데 시간은 민
주당에 훨씬 많이 주시고.

°2004년 3월 20일 〈KBS〉 '심야토론'.

# 실종 신고를 낼까,
# 이런 생각도 있어요

2018년 4월 20일
〈JTBC〉 '정치부회의'

20대 국회 들어 자유한국당은 두세 달에 한 번씩 국회를 보이콧했다. 2019년 6월까지 3년 동안 총 17회다. 무슨 일이든지 꾸준히 하는 게 중요하다. 운동도 꾸준히 해야 하고, 책도 꾸준히 읽어야 한다. 걷거나 자전거를 타고 출퇴근하기로 마음먹었다면 역시 꾸준해야 한다. 담배를 끊기로 했다면 꾸준히 안 피우는 게 맞다. 자유한국당은 보이콧을 꾸준히 해왔다. 이쯤 되면 원내 교섭단체가 아니라 원외 교섭단체다.

정확히 얘기하자면, 자유한국당이 회의를 하는 데에 안 나타났어요. 실종 신고를 낼까, 이런 생각도 있어요. 학교에는 왔다고 하는

데 수업에는 안 들어오고 있는 상황.

노회찬 의원이 자유한국당 걱정을 많이 했다. 실종 신고는 애정이 있을 때, 실종된 사람을 기필코 찾고 싶을 때 하는 것이다.

김성태 원내대표님, 어디 계세요? 만나고 싶습니다. 그리고 이 중요한 자리에 자유한국당이 빠지면 논의가 안 되지 않습니까? 빨리 복귀해주십시오. 기다리겠습니다.

집 나가본 고양이는 자꾸 다시 나가려고 한다던데, 자유한국당이 그 꼴이다. 그래도 노회찬 의원이 자유한국당 김성태 원내대표에게 남긴 복귀 요청의 말이 간절하다.

# 왜 자유한국당에는
# 친박·비박만 있느냐,
# 친국민은 왜 없습니까?

2018년 7월 5일
〈JTBC〉 '썰전'

거꾸로 묻고 싶은데, 왜 자유한국당에는 친박·비박만 있느냐, 친
국민은 왜 없습니까? 보수는 원래 반국민입니까? 보수는 비국민
입니까? 보수도 친국민이 있을 수 있잖아요. 친박·비박이 싸우고
있는데, 나는 친박도 아니야, 비박도 아니야. 나는 친국민이야….

이 말을 듣던 진행자 김구라 씨도 웃고, 같이 토론하던 안상수 의원
도 웃었다. 자신들을 비판해도 웃을 수밖에 없었다. 촛불항쟁을 거치
고 박근혜 씨가 탄핵되었는데도 친박·비박 논쟁이 벌어지는 그 당의
시대감각은 무엇일까. 봄이 완연한데, 코트를 입을지 파카를 입을지
의논하는 것만큼 황당한 일은 없다.

탄핵 이전에는 친박·비박 말고 '진박'도 있었다. '친박'이라는 개념으로 구분할 수 없는, 100퍼센트 박근혜 성분으로만 이뤄진 순수한 정치인을 설명할 말은 필연적으로 진박 정도였다. 순수 100퍼센트 사과즙, 순수 100퍼센트 콧바람, 순수 100퍼센트 순면도 있는데, 순수 100퍼센트 박근혜가 없을 리 없었다.

〈오마이뉴스〉가 운영한 '팟짱'에 출연해 이러다 '광박'도 나올 것이고, 결국엔 '피박' '독박'도 나올 것이라고 예언했던 기억이 있다. 광박은 박근혜를 빛나게 하는 사람들로 진박보다 더 나간 사람들이다. 그러나 결국 박근혜에게 피를 묻히는 사람들이 등장할 것이고, 박근혜는 혼자가 될 것이라는 내용이었는데 얼추 맞았다.

다만 그 후에도 친박·비박이 싸울 거라고는 예상하지 못했다. 하물며, 순수 100퍼센트 박근혜 정당이 탄생할 거라고 누가 상상이나 했겠나. 근대가 도래했는데도 갓을 쓰고 다닌 사람들이 있었듯이, 민주주의가 다시 시작되었는데도 왕정을 추억하는 사람들은 있기 마련인가. 어차피 다 박물관행이다.

# 목숨 걸고 덤비는데
# 당할 자가 있습니까?

2018년 6월 20일
〈tbs〉 '김어준의 뉴스공장'

2018년 6월 지방선거는 자유한국당의 참패였다. 변한 세상에 적응하지 못하면 패하게 되어 있다. 노회찬 의원의 평가는 이랬다.

제가 볼 때는 참패하려고 목숨 걸고 덤빈 것 같아요. 목숨 걸고 덤비는데 당할 자가 있습니까? 막을 수가 없는 거죠.

이명박, 박근혜의 과오에 대해 자유한국당이 져야 할 책임이 막중하다. 그런데 한 술 더 떴다. 우리가 지켜봤던 대로다.

그 정도 상황이면 굉장히 반성도 하고, 새로운 모색도 하고, 가릴 거 가리고 이렇게 해야 되는데, 전혀 달라진 모습을 보이지 않고 오히려 (중략) 그게 왜 잘못이냐고 항변하듯이 국민을 대하니까 거기에 대해 국민이 크게 실망하고 분노한 게 아닌가 생각됩니다.

역사적인 남북정상회담을 두고 자유한국당 홍준표 대표는 '위장평화쇼'라며 깎아내리고 헐뜯었다. 잘하는 건 잘한다고 해야 하고, 감동받을 일은 감동받아야 한다. 모두가 '예'라고 대답할 때 '아니오'라고 말하는 건 분명 용기다. 홍준표 대표처럼 모두가 '예'라고 말하는 게 지극히 당연할 때 혼자 '아니오'라고 하는 것도 용기는 용기다. 대한애국당도 물러서지 않는 용기로 집회를 열고 광화문에서 경찰에 시비도 건다. 도로 위 역주행도 용기가 필요하고, 도둑질도 꽤나 용기가 있어야 해낸다. 미움받을 용기다.

홍준표 대표는 압도적 다수의 국민이 감격하는 마당에 "한국 여론이 남북정상회담을 적극 지지하는 것처럼 보이지만 실제로 지지하는 계층은 좌파뿐"이라고 말해 대한민국을 졸지에 좌파의 나라로 만들었다. 역시 대단한 용기다. 좌파 국가 그거 쉽지 않다. 스웨덴이나 프랑스, 독일도 완벽하게 못한 일이다. 지기 위해서라면 무슨 말을 못 하겠나.

홍준표 지사가 대선 후보로 나왔다는 것 자체가 그 당이 망했다는 증거입니다.

°2017년 3월 28일 〈tbs〉 '김어준의 뉴스공장'.

그런 사람들을 대표하느라고 왜 일 년석이나 있었느냐는 거예요.

°2018년 6월 20일 〈tbs〉 '김어준의 뉴스공장'.
홍준표 자유한국당 대표가 대표직에서 물러나면서 SNS에
일 년을 내우외환에 시달렸다고 한 것에 대해.

# 극심한 좌절감과 고립감에서 오는 거니까 적절한 휴식과 안정이 필요하지 않나 생각합니다

2018년 5월 2일
〈tbs〉 '김어준의 뉴스공장'

좌절

1. 마음이나 기운이 꺾임.

2. 어떠한 계획이나 일 따위가 도중에 실패로 돌아감.[3]

열심히 노력했지만 결과가 좋지 않을 때 우리는 극심한 좌절을 경험한다. 열심히 공부했음에도 대입 수능시험을 망친 학생이나 취업 준비에 매진했지만 번번이 면접에서 떨어진 취준생이 맞닥뜨리는 게 바로 그 좌절이다. 몸과 마음을 바쳐 진행한 몇 개월에 걸친 프로젝트가 성과 없이 중단되었을 때도 그렇다. 경쟁이 극심한 사회일수록 좌절하는 사람도 많다.

고립

다른 사람과 어울리어 사귀지 아니하거나 도움을 받지 못해 외톨이로 됨.[4]

혼자 살 수 없는 사회에서 외톨이가 된다는 것은 힘든 일이다. 혼자 하는 여행, 혼밥, 혼술이 많아지는 세상이지만 '고립'을 오래 견딜 수 있는 사람이 얼마나 될까. 사회적 협력과 연대가 부족한 사회에서는 고립되는 이들이 늘어난다. 좌절감과 고립감으로 어려움을 겪는 사람들이 있지 않은지 살피는 일은 중요하다. 때로는 의사의 진단도 필요하다. 남북정상회담을 '위장평화쇼'라며 격렬히 폄하했던 자유한국당에 대해 노회찬 의원은 이렇게 말했다.

지금으로서는 극심한 좌절감과 고립감, 그런 데서 오는 거니까 적절한 휴식과 안정이 필요하지 않나 그렇게 생각합니다. 그리고 반드시 의사의 진단을 받아보길 권합니다.

병세가 깊어진 자유한국당을 두고 같은 정치인으로서 할 수 있는 최선의 말이었다.

—————

저는 국회의원들이 떨고 있다고 봐요. '저분이 또 오지 않을까' 이런 거.

거의 뭐 에프킬라를 발견한 모기들 같은 그런 상황이죠.

°2017년 6월 13일 〈tbs〉 '김어준의 뉴스공장'.
전날 있었던 국회 시정연설에서 문재인 대통령이
자유한국당 의원들에게 공세적으로 악수를 청한 것을 두고.

학생이 수업시간에 수업 안 들어가놓고, 예정된 수업이 진행

되니까 기습 수업이라고 얘기하는 것과 똑같은 거예요. 말이

안 되는 겁니다.

°2017년 6월 13일 〈tbs〉 '김어준의 뉴스공장'.
자유한국당이 추경 예산 심사에 참여하지 않겠다고 한 것을 두고.
나중에 다른 당끼리 합의하면
기습 합의라고 비판하려는 것이라면서.

스스로 피해를 입혔기 때문에 자해자라 그러는 거죠.

°2017년 6월 13일 〈tbs〉 '김어준의 뉴스공장'.
추경 예산 심사를 거부한 자유한국당이
피해자 코스프레하려는 것을 두고.

늪에 빠졌는지, 물에 빠졌는지를 지금 모르고 있는 거예요.

지푸라기라도 잡아야 되는데 오히려 몸부림을 치니까 더 깊

이 빠지는 거죠.

°2017년 6월 13일 〈tbs〉 '김어준의 뉴스공장'.
자유한국당의 추경 예산 심사 거부에 대해.

그럼, 그 당은 뭡니까? 그 당은 한국에서 후보 못 내야지.

°2018년 3월 7일 〈tbs〉 '김어준의 뉴스공장'.
안희정 전 충남도지사 성폭행 사건과 관련해 자유한국당이
"민주당은 충남지사 후보를 공천하지 말아야 한다"고 한 것에 대해
"정치 공방의 소재로 삼기보다는 오히려 '우리는 그런 게 없나'
이렇게 살펴보고 자성하는 계기가 되어야 한다"고 말하며.

# 프로포폴 주사 같은 걸
# 자꾸 맞는 것입니다

2017년 8월 16일
〈tbs〉 '김어준의 뉴스공장'

사실 자유한국당의 병은 만성질환이다. 지난 몇 년 사이 나타난 증세 중 하나는 '건국절 주장'이었다. 문재인 대통령이 2017년 8월 15일 "2019년 대한민국 건국 100주년" 발언을 하자 자유한국당에서는 "대한민국이 1948년에 건국된 것은 논란의 여지가 없는 사실"이라는 말이 흘러나왔다.

자유한국당의 정신적 지주, 원천이 자유당으로까지 올라가고, 더 올라가서 친일 부역세력들까지 올라간다는 뜻이라고 봅니다.

노회찬 의원의 비판이었다. 촛불항쟁 이후 국가를 새롭게 혁신해야 할 때 필요하지도 않은 역사 논쟁을 벌이는 건 좋았던 옛날을 떠올리고 싶어서인가, 아니면 아무리 촛불로 나라가 바뀔 것 같아도 이 나라의 시조는 자신들이라는 점을 되새기고 싶은 것인가.

불필요한 역사 논쟁으로 자꾸 끌고 가는 건데, 성찰 또는 새로운 혁신으로 극복하려 하지 않고 통증을 무마시키는 마약주사 같은 거예요. 프로포폴 주사 같은 걸 자꾸 맞는 것입니다.

건국절 주장은 자유한국당 말고 국민의당에서도 나온 적이 있다. 국민의당이 만들어질 때 창당준비위원장이던 한상진 교수가 "이승만이 국부"라는 주장을 했다. 이른바 '이승만 국부론'이다. 내가 알기로 국부론은 '애덤 스미스'다.

# 석고대죄해야 할 당에서
# 대나무 회초리로 맞을까,
# 박달나무 몽둥이로 맞을까
# 얘기해도 되는 겁니까?

2016년 11월 25일
〈JTBC〉 '밤샘토론'

최순실 국정농단 사태로 촛불항쟁이 시작되었을 때 박근혜 대통령
하야 요구가 높았다. 국민의 분노가 하늘에 닿을 만큼 치솟아 새누리
당으로서는 달리 할 말이 없었을 때다. 텔레비전 토론에서 정준길 변
호사, 양동안 한국학중앙연구원 교수와 노회찬 의원 사이에 토론이
붙었다. 정준길 변호사의 주장은 이랬다.

"국민 여론이 지금처럼 강한 상황이 되면, 헌법재판소의 재판 진행
과정에서 대통령이 오히려 그때 결심을 하시고 물러나겠다고 말씀하
시는 모습이 지금처럼 탄핵제도를 통하지 않고 바로 하야하라고 요구
하는 것보다 훨씬 성숙된 대한민국의 민주주의라고 생각합니다."

하야가 아니라 탄핵이 낫겠다는 주장이다. 그 와중에 국민의 힘이

아니라 법적 절차를 소중히 여기는 태도다. 이에 대해 노회찬 의원이
일갈했다.

죄를 지었으면 무릎 꿇고 석고대죄해야 할 당에서 무슨 대나무
회초리로 맞을까, 박달나무 몽둥이로 맞을까, 나는 이걸로 맞겠
다, 그렇게 얘기해도 되는 겁니까? 우리 국민에게 하야는 바람직
하지 않고 탄핵으로 우리를 처분해주세요, 그렇게 얘기하는 것은
언어도단 아닙니까?

상대측은 계속 주장했다.
"박근혜 대통령의 잘못이 확인되지도 않은 시점에서 추정된 잘못
을 책임지라고 하는 것은 문제가 있습니다."
박근혜 씨가 헌법재판소 탄핵 판결 직전까지도 자신이 탄핵될 거라
고 생각하지 않았다는 얘기가 있다. 그래서 박근혜 씨를 옹호하는 토
론자들이 자꾸 법적 절차를 주장했던 건가.

최종적인 것은 법으로 결정이 나는 게 사실입니다. 그런데 법으로
결정 날 때까지 아무 얘기도 안 해야 된다 그러면, 법으로 결정 나
기 전에 이승만 하야하라고 한 국민은 무엇이며, 법으로 결정 나
기 전에 전두환 독재 물러가라고 한 국민은 무엇입니까? 그게 어
떻게 다 법으로 결정이 납니까? 불이 나면 "불이야"라고 소리를

질러야지 그것이 불인지 아닌지, 어떻게 해서 불이 났는지, 누가
방화범인지까지 다 조사한 뒤에 "불이야" 이렇게 얘기합니까?

3·1운동은 뭡니까? 3·1운동도 언제 법률로 확정됐습니까? 일
제 물러가야 된다고 판결이 내린 뒤에 3·1운동 해야 됩니까?

°2016년 11월 25일 〈JTBC〉 '밤샘토론'.

## 039 • 자유한국당

# 사실, 한국하고 일본하고
# 서로 사이도 별로 안 좋지만
# 외계인이 쳐들어오면
# 연대해야 되지 않습니까?

2012년 4월 6일
〈SBS〉 '시사토론'


외계인이 쳐들어오면 연대해야 하는 건 맞다. 외계인 침공 영화는 주로 미국에서 만들어지다 보니 맨날 쥐어 터지는 건 뉴욕이나 로스앤젤레스다. 중학생 아이와 초등학교 고학년 때부터 시간이 나면 영화를 본다. '어벤져스 시리즈'는 이미 섭렵했고, 지금은 각종 외계인 침략 영화를 보는 중이다. 아이는 어느새 외계인 영화의 패턴을 파악했다.

"아빠, 내가 연구해봤는데, 외계인 영화는 처음에는 지구인이 무차별로 당하다가 나중에는 단결해서 싸우는데, 꼭 외계인의 본부 같은 곳을 파괴하면 외계인 전체가 다 무너져."

듣고 보니 그랬다. 외계인 무리의 '핵심'을 물리치면 전쟁은 승리다. 〈인디펜던스데이〉가 대표적이다. 〈어벤져스〉도 타노스를 물리치면 게

임 끝이라는 점에서 비슷하다. 〈세계 침공〉이라는 영화가 있는데 이 영화도 그렇다. 외계인의 핵심을 정확히 겨냥해야 한다.

19대 총선 때 노회찬 의원이 텔레비전 토론에서 새누리당 정옥임 의원과 설전을 벌였다.

**정옥임** 야권연대면 당을 통합하든가 하지 같은 당도 아니면서 왜 하나인 것처럼 행동하죠?

**노회찬** 왜 두 당이 서로 다른데 연대하느냐, 같으면 통합을 해야 하는데 다르기 때문에 연대하고 있다, 이렇게 말씀을 드리고요. 사실 한국하고 일본하고 서로 사이도 별로 안 좋지만, 외계인이 쳐들어오면 연대해야 되지 않습니까?

중요한 포인트 하나는 민주당과 진보정당은 다른 당이고, '사실 사이가 그리 좋지 않다'는 점이다. 둘째 포인트는 새누리당이 외계인에 버금갈 정도로 이상한 집단이라는 점이다. 우리 아이라면 '외계인 비하 발언'이라고 말할 만한 평가지만, 동의하는 사람이 많다는 걸 알고 있다. 〈인디펜던스데이〉나 〈어벤져스〉와 다른 건 그 집단이 우리와 같은 모습으로 살고 있기 때문에 잘 구분이 안 될 때가 있다는 점이다. 그런 점에서 지금의 자유한국당은 〈맨인블랙〉의 외계인과 닮았다. 〈맨인블랙〉 몇 편에선가 외계인의 정체가 바퀴벌레였던 걸 기억하는 사람이 있을지 모르겠다.

# 약속을 바꾸는 세상

2016년 2월 5일
〈한겨레TV〉 '김어준의 파파이스'

'김어준의 파파이스'에 출연한 노회찬 의원의 말은 너무나 시원하고 통쾌하다. 신들린 듯 유머를 쏟아낸다. 당시 발언을 그대로 옮긴다.

**김어준** 총선 이기고 나서 가장 먼저 국회에서 만들 법안이나 제일 시급하게 고쳐야 될 게 뭡니까?

**노회찬** 대통령 공약 중에서 가장 잘 만든 공약집이 박근혜 대통령 공약집이에요. 〈세상을 바꾸는 약속〉 제 애독서예요.(웃음) 한 권밖에 없는데 두 권이 있다면 박근혜 대통령에게 선물하고 싶어요. 왜냐면, 본인이 안 읽어본 것 같아요.(웃음) 이 책을 다시 찍는다면 제목을 바꿔야 해요. 〈약속을 바꾸는 세상〉.(폭소)

제가 이 책을 보면서 느낀 게 뭐냐면, 솔직히 정치인의 약속, 특히 대통령 후보의 약속 중에 안 지켜지는 것이 있잖아요. 다른 대통령도 그랬고. 근데 약속을 안 지키는 대통령은 많았지만, 자기 약속을 정면으로, 반대로 위배하는 대통령은 처음이에요. (공약집에) "해고 요건 강화" 이렇게 돼 있어요. '해고를 어렵게 하겠다'가 공약이에요. 그런데 지금은 '쉬운 해고'를 밀어붙이고 있잖아요.

**김어준** 그렇죠. 그것 때문에 경제가 어렵다고 속이 탄다고 그러고.

**노회찬** 저는 제가 국회의원 되면 제1호 법안을 '해고를 어렵게 만드는 법안'으로 할 겁니다. 그래서 박근혜 대통령의 공약을 실현하는…. 제 최대 다섯 개의 공약은 전부 박근혜 대통령이 약속을 했지만….(폭소) 또 박근혜 대통령 공약 중에 대기업이 중소기업을 원청·하청 관계 속에서 괴롭힐 때 '징벌적손해배상제'를 도입하겠다는 엄청나게 좋은 게 있어요. 근데 안 하고 있어요. 이런 것만 (총선 공약으로) 해서. 진짜 진박이 누구냐? 진박 되려면 이 정도는 해야 된다, 노회찬 진박 선언.(폭소)

———————

어머니의 모습을 한 아버지의 아바타.

°2012년 10월 22일 '난중일기'.
박근혜 후보의 역사 인식을 비판하며.[5]

알파박이라는 인공지능에 의해서 인간들이 학살당하는 상황
이다, 뭐 그렇게도 보입니다.

　°2016년 3월 18일 〈CBS〉 '김현정의 뉴스쇼'.
　　2016년 총선 전 새누리당 공천 과정에서
　비박 진영이 배제되는 '비박 학살 공천'이 벌어지자.

음식이 상한 것 같아 다시 해오라니까 먹다 남은 음식 내오
는 꼴.

　°2014년 6월 26일 트위터.
　　세월호 참사 11일 만에 사의를 표명했던
　정홍원 총리를 박근혜 대통령이 유임시키자.

박근혜 대통령은 죄의식 없는 확신범.

　°2016년 10월 21일 국회 운영위원회
　　대통령비서실 국정감사.

최근에도 외국 갔다가 들어와가지고, '방한'해가지고, 하도 자
주 나가니까 가끔 '방한'해가지고 하신 말씀 보니까 전혀 변
하지 않고 있어요.

　°2016년 6월 28일 공정언론바로세우기 콘서트.
　　박근혜 대통령이 2016년 총선 결과를
　인정하지 않는 것 같다는 말을 하다가
　잦은 외국 방문을 비판하며.

운 좋게 나를 대리한 보좌관이 1등으로 당첨되었다. 당연히 나는 숙연한 마음으로 518호를 선택했다. 516은 몹시 불편한 숫자였고 520은 바로 위층 주인이 516 연고자였다.

°2013년 6월 12일 '난중일기'.
2012년 총선 직후 의원회관 방 배정 시
전망 좋은 한강 쪽을 추첨했을 때.

엎질러진 물이 되는 게 아니라 엎질러진 휘발유가 되는 거죠.

°2015년 11월 2일 〈CBS〉 '김현정의 뉴스쇼'.
국정교과서를 두고 단지 엎질러진 물에서 그치는 게 아니라
앞으로 계속 문제가 커질 것이라는 뜻에서.

여름에 기온이 높아지면 파리, 모기가 많이 나타나듯이, 우익 정부가 들어서면서 이런 극우적 행태가 마치 질병처럼 번지고 있는 게 아닌가 싶습니다.

°'노유진의 정치카페·그들은 왜 스스로 나쁜 놈이 되려 하는가'.
이명박, 박근혜 정부 이후 극우세력의 확산에 대해.[6]

지하의 일을 지상의 제가 어찌 알 수 있겠습니까?

°2012년 11월 6일 '난중일기'.
한밤중에 김지하 시인이 박근혜 지지 선언을 했다면서
의견이 어떠냐고 묻는 트위터 친구에게.

박정희 시대라는 집에서 21세기로 출퇴근하는 게 아닌가 싶다.

°구영식 기자와의 인터뷰.
동네는 변해서 21세기인데 박근혜 대통령이 사는 집은
여전히 박정희 시대라고 지적하면서.[7]

# 광화문 지하 100미터에 묻는다면 검토할 수 있다

2016년 11월 3일
트위터


방금 〈YTN〉 전화 인터뷰를 하는데, 광화문에 박정희 전 대통령 동상 세우자는 것을 어떻게 생각하냐고 묻네요. 어이없는 주장이지만 조건부 찬성이라 답했습니다. 어떤 조건이냐 묻길래 광화문 지하 100미터에 묻는다면 검토할 수 있다고 답했습니다.

보수단체의 주장이었다. 박정희 동상이라니. 그때 누가 그 일에 동의할 수 있었겠나. 노회찬 의원은 이 점을 미리 알고, 보수단체가 그래도 박정희 동상을 세울 수 있는 방법을 제안한 셈이다.

인터넷에서 '지하 100미터'를 쳐보자. 인간이 만든 시설물 중 지하 100미터에 위치한 게 많지 않다. 북한의 지하철이 지하 100미터 정도에서 운행 중이고, 중국 상해에는 100미터 깊이의 거대한 채석장 구덩이에 6성급 호텔이 세워져 세계적으로 주목을 받고 있다. 폴란드 크라쿠프에는 소금 광산이 있는데 거기 지하 100미터에 성당이 있다. 입자물리실험을 위한 '강입자충돌기'도 지하 100미터에 놓여 있다. 지하 100미터에 뭔가를 만들면 이처럼 세계적인 이목을 끌 수 있다. 하물며 지하 100미터에 동상이라니.

최순실 사태로 국민의 분노가 점점 끓어오르던 때였다. 박정희 전 대통령 때문에 박근혜 후보를 찍었던 사람들조차 지지를 철회하던 시절이다. 박정희 동상을 세울 수 있는 유일한 방법은 노회찬 의원의 제안대로 하는 것. 보수단체 입장에서는 매우 아쉬워할 일이다.

---

그의 아버지는 투표 자체를 반대했습니다.

°2012년 10월 31일 트위터.
투표 시간이 연장되어야 한다는 주장에 대해 박근혜 후보가
"100억 원의 예산을 들일 가치가 있느냐는 논란이 있다"면서
사실상 반대하자.

---

원조 종북이라면 박정희 장군입니다.

°2012년 6월 11일 〈CBS〉 '김현정의 뉴스쇼'.
새누리당의 통합진보당에 대한 종북 공세에 대해.

우리 역사에서 1970년대는 저임금과 저곡가 그리고 노동 탄압이 성장 동력이었던 시대입니다.

°2007년 3월 11일 민주노동당 후보 예비 경선 출마 선언문 중.

**042 · 이명박**

# 국민을 살릴 건지,
# 4대강을 살릴 건지
# 결단해야 합니다

2009년 11월 19일
〈MBC〉 '100분 토론'

대통령 잘못 뽑으면 국민이 고생한다는 건 알고 있었지만, 산천까지 고생할 거라고는 미처 생각지 못했다. 이명박 전 대통령 이야기다. 한반도 대운하는 4대강 사업으로 귀결됐는데 후유증이 크다. 노회찬 의원은 4대강이 추진될 때부터 시작해 정권이 바뀐 뒤에도 일관되게 4대강 사업을 비판했다. 4대강 사업은 국토 입장에서 보면 일종의 질병이었다. 말은 '4대강 살리기'였지만 실제로는 '4대강 죽이기'였다. 강이 죽으면 사람도 죽는다.

(4대강과 부자 감세는) 신종플루 비슷한 겁니다. 확진 상태예요. 국민을 살릴 건지, 4대강을 살릴 건지 결단해야 합니다.

노회찬 의원이 이렇게 말할 수밖에 없던 이유다. 그즈음 진보신당 부산시당은 '4대강 사업'을 비판하며 화끈한 퍼포먼스를 진행했다. 페트병 400여 개로 뗏목을 만들어 낙동강에 띄운 것이다. 펼침막에는 "4대강 사업 중단"이라고 적혀 있었다. 이때 뗏목 '까발리노' 호에 탔던 사람 중에는 김석준 현 부산시 교육감도 있었다. 당시 김석준 부산시당 위원장은 당 게시판에 "그중에서도 가장 심각한 피해가 우려되는 것이 낙동강"이라는 글을 쓰기도 했다. 노회찬 의원이 당대표로서 댓글을 남겼다.

작년의 까발리호에 이어 우리의 꿈과 이상을 잘 보여주었다. 부산시당은 이제 진보신당의 갈매기라 불러도 될 것 같다.
낙동강 하구에서 멈추지 못하고 쓰시마까지 내려가면 외교 문제로 비화되지 않을까 걱정했는데 다행이다.
대통령은 잘 모르는 것 같은데 원래 4대강은 '나일강' '인더스강' '황하' '유프라테스·티그리스강'이다.

잊고 있었다. 4대강이 나일강, 인더스강, 황하, 유프라테스·티그리스강이었다는 사실을. 진리 앞에 진솔한 노회찬 의원은 그 후에도 4대강 사업에 대해서는 단호했다.

**김성태** 정책보복 하지 마세요. 4대강도 이미 20조 넘게 쓴 사업인데 지금 와서 그걸 철거하고 물을 빼는 게 잘하는 일입니까?

**노회찬** 네.

**김성태** 예?[8]

이 토론으로 김성태 원내대표는 '혼수성태'라는 별명을 얻게 됐다. 4대강 사업의 유일한 성과물이다.

---

개인적으로 여러 가지 흠결이 많은 사람이지만 경제만 살린다면 괜찮다? 그러니까 불이 나서 다 허둥지둥대고 있는데, 신원이 불확실한 사람이긴 한데, 소방호스를 들고 나타났다 이거예요. 불을 꺼달라고 한 겁니다. 소방관으로 임명된 거죠. 문제는 소방호스에서 나온 게 물이 아니라 휘발유였다는 겁니다.

° 홍기빈과의 인터뷰.
이명박 전 대통령에 대해.[9]

---

오늘은 4대강 첫 삽 푸는 날입니다. 동시에 자기 무덤 첫 삽 푸는 날이기도 합니다.

° 2009년 11월 10일 트위터.[10]

이명박 정부에서 헌법 제1조 1항은 '대한민국은 동물의 왕국이다'로 이미 수정되었음을 확인합니다. 헌법 제1조 2항 역시 '대한민국의 주권은 상위 1퍼센트에 있고, 모든 권력은 대통령과 그의 형으로부터 나온다'로 수정되었습니다.

°2009년 3월 9일 진보신당 대표 후보 출마 기자회견문.

〈MBC〉를 함락하려는 'MB씨'의 공세가 연일 계속되고 있다.

°2009년 4월 9일 '난중일기'.[11]

원래 설립 취지에 맞는 방송은 제가 볼 때 하나도 없는 게 아닌가, 있다면 하나 정도가 아닌가 합니다. 나머지는 종합편성이 아니라 종일 편파방송하는 종편이 된 거죠.

°2016년 6월 28일 공정언론바로세우기 콘서트.

## 043 · 홍준표

# 존재 자체가 착오예요

2017년 11월 22일
〈tbs〉 '김어준의 뉴스공장'

홍준표 전 대표는 노회찬 의원의 주요 비판 대상 중 하나였다. 존재
가 싫어서는 아닐 테고, 말과 행동이 비판할 게 많아서일 것이다. 노
회찬 의원이 교섭단체 원내대표가 된 이후 폐지하기 위해 애썼던 게
특수활동비다. 홍준표 전 대표는 그 특수활동비를 "아내에게 줬다"고
했다가 "아내에겐 월급을 주고, 야당 원내대표에게 줬다"고도 했다. 그
러다 당사자가 반발하자 "내 기억의 착오"라고 말한다. 이에 대해 노
회찬 의원은 이렇게 말했다.

존재 자체가 착오예요. 존재해서는 안 되는 분이 존재하니까 생기
는 문제입니다.

노회찬 의원이 2016년 총선에서 창원에 출마할 당시, 공약 중 하나가 '홍준표 방지법'이었다. 무상급식이 지방자치단체장의 판단에 따라 좌지우지되지 않도록 법제화하겠다는 내용이다. 원래 경상남도는 전국에서 최초로 무상급식을 실시한 곳이었다. 그런데 홍준표 도지사가 무상급식을 중단했다. 특수활동비는 살뜰히 챙기고 아이들 밥그릇은 빼앗은 것이다. 노회찬 의원이 홍준표 방지법을 공약으로 내걸 수밖에 없었던 이유다.

사실 홍준표 전 대표가 저지른 일이 많아 노회찬 의원이 '방지'에 나서야 할 일도 많았다. 2017년 대선을 앞두고는 공직자 사퇴 시한 3분 전에 도지사직을 사퇴했다. 공직선거법을 교묘히 악용해 도지사 보궐선거를 치를 수 없도록 한 꼼수였다. 이때도 노회찬 의원은 "차후에 제2의 홍준표가 나오지 않도록 법을 개정해야 한다"고 했다.

이즈음에는 홍준표 후보가 페이스북에 자신은 흙수저 출신으로 대통령 후보까지 된 사람이라면서 청년들에게 "야들아, 내가 너희들의 롤모델이다. 그런데 왜 나를 싫어하나?"는 내용을 올리기도 했다. 노회찬 의원의 말이다.

흙수저 출신이라고 볼 수도 있습니다. 그러나 그냥 흙이 아니고 오염된 흙이에요. 어디에도 쓸 수 없는 흙입니다. 생태계에도 나쁜 영향을 미치고 다른 생명체들에게도 심각한 위협이 되고 있는…. 오염 정도가 심각하기 때문에 격리하는 게 마땅합니다.[12]

글쎄요, 비경제활동인구에서 경제활동인구로 전환한 것 같은 데요.

°2018년 6월 20일 〈tbs〉 '김어준의 뉴스공장'.
홍준표 자유한국당 대표가 대표직을 마친 뒤
변호사를 개업한 것에 대해.

## 044 · 홍준표

# 막말이 서민적 용어라니,
# 이보다 더 서민을 모욕한 말은
# 일찍이 없었습니다

2018년 3월 31일
트위터

홍준표 자유한국당 대표가 2018년 3월 31일 페이스북에 "나는 막말을 한 일이 없다"면서 글을 써 많은 이를 놀라게 했다.

"나를 막말 프레임에 가둔 것의 출발은 '노무현 전 대통령이 자살했다'는 말에서 출발합니다. '서거했다'는 말을 했다면 그런 프레임이 등장하지 않겠지요. 자살이라는 표현은 가장 알기 쉬운 일상적인 용어인데 자기들이 존경하는 전직 대통령을 모욕했다고 받아들이다 보니 그걸 막말이라고 반격을 시작했지요. 그 뒤 향단이, 바퀴벌레, 암덩어리, 연탄가스, 영남지역에서는 친밀감의 표시로 흔히 하는 영감탱이 등 우리가 통상 쓰는 서민적 용어를 알기 쉬운 비유법으로 표현하면 할 말 없는 상대방은 이것을 품위 없는 막말이라고 매도해왔습니다."

노회찬 의원은 이렇게 반박했다.

막말이 서민적 용어라니, 이보다 더 서민을 모욕한 말은 일찍이 없었습니다.

풍자와 비하는 다르다. 막말을 서민적 용어라고 하다니. 갑질을 권력 행사라 부르는 게 낫다. 횡령을 부의 재분배라 하든가. 서민의 수준과 도덕성을 깔보는 발상이다. 말재주가 아니라 말의 철학이 문제다.
2017년 8·15경축기념식을 두고 홍준표 자유한국당 대표는 페이스북에 "8·15경축기념식이 마치 촛불기념식 같았다"고 썼다. 이에 대한 노회찬 의원의 평은 정확했다.

8·15경축식 보면서 "촛불혁명, 촛불잔치 같다"(고 한 건) 그게 완전히 촛불 당시의 정신적 충격, 두려움 이런 게 상처로 남아 생기는 외상후스트레스인데, 그게 좀 강한 것 같다.

홍준표 전 대표에 대한 노회찬 의원의 평을 끝으로 옮긴다. 2018년 4월 한 방송[13]에서 노회찬 의원은 여러 정치인에 대한 인물평을 부탁받았는데, 그때 한 말이다.

표준은 아닌 분.

# 야권연대 안 하려면
# 여권연대 해라

2016년 2월 5일
〈한겨레TV〉 '김어준의 파파이스'

"신상품 출시."

이 말을 믿고 방문한 가게에 중고 옷만 있다면 황당할 것이다. 가게 주인이 중고 옷을 신상품이라고 우기면 더욱 그럴 테고. 게다가 가게 점원들이 죄다 헌 옷을 입고 "이번에 새로 나온 신상품입니다. 어서들 구입하세요"라고 한다면 그 가게 주인과 점원들은 집단치료가 필요할지도 모른다. 그중 누군가가 '벌거벗은 임금님'을 폭로하는 심정으로 "주인이 헌 옷을 팔고 있어요"라고 말하지 않는다면 헌 옷을 새 옷으로 속여 파는 행위는 한동안 계속될 것이다.

안철수 씨가 그랬다는 이야기는 아니다. 이 책은 누구를 비방하기 위해 쓴 게 아니니…. 새정치를 표방한 안철수 씨는 새정치의 내용을 채우기 위해 나름 애썼을 것이다. 2016년 총선 당시 이야기다.

**노회찬** 이상한 당이죠. 야권연대를 안 한다고 하는데, 지금 야권 지지자들은 여러 조사에서 이번 총선에서 이기기 위해서 야당들이 협력해야 한다고 얘기하고 있어요. 국민의당에는 많은 분이 있지만 없는 게 하나 있어요. 국민이 없어요. 국민 빼곤 다 있는 것 같아요. 국민의당은 선택해야 한다 이거예요. 야권연대 안 하려면 여권으로 가라, 여권연대 하라 이거예요. 본인의 정체성이 야권인지 여권인지 밝혀야 된다 이거예요.

(중략)

정권교체 하겠다고 얘기하면서, 그러려면 총선 승리가 필수적인데, 총선 승리에 관해서는 얘기하지 않고, 총선에서 야당의 다른 당을 누르겠다는 것이 목표 아니에요?

**김어준** 지금은 그렇죠.

**노회찬** 그래서 제가 의심하는 거예요. 귀하는 야당인가 여당인가, 밝혀달라, 알고 싶다. 그것이 알고 싶다 이거예요. 이제는 말할 때가 됐다 이거예요.

새로운 가게를 열면 개업 효과로 잠깐 돈벌이가 잘될 수 있다. 그러나 그 가게에 신상품이 없다는 소문이 돌면 손님은 곧 떠나고 만다. 예지력 넘치는 옆집 가게 주인은 그 가게에 이러쿵저러쿵 말을 걸 수 있다. 너희 정체는 대체 무엇인가?

저는 유승민 대표의 얘기가 옳다고 봅니다. 그런 점에서 유승
민 대표가 중간중간에 보면 굉장히 이성적인 판단을 내릴 때
가 있어요. 늘 그렇다기보다는 중간중간에.

° 2018년 1월 24일 〈tbs〉 '김어준의 뉴스공장'.
바른정당과 국민의당이 통합 논의를 하면서 통합에 반대하는
비례 의원들의 의사를 존중해 출당시켜주는 게 맞다는 입장을 보이자.

자갈과 모래가 섞인 건데, 그걸 이제까지 단단하게 만들어준
건 시멘트의 역할이었는데, 시멘트가 이번에 사실은 크게 패
배하면서, 빠져나가면서 모래하고 자갈만 남으면 (쉽지 않은 거
죠). 모래만 있는 것보다 못하잖아요.

° 2017년 5월 10일 〈tbs〉 '김어준의 뉴스공장'.
대선 후 국민의당의 전망에 대해 말하던 중.
이때 김어준이 어쩜 저런 비유를 생각하시는지 모르겠다고 하자
"자연과학에 대한 약간의 지식만 있으면 알 수 있는
겁니다"라고 답하기도 했다.

# 돈이 있다면 짜장면 먹는 문제를
# 심각하게 검토할 수 있다는 얘기는,
# 먹고 싶다는 거 아니냐

2017년 4월 4일
〈tbs〉 '김어준의 뉴스공장'

자기 생각이 없으면 이랬다저랬다 하는 법이다. 가치관이 그래서 중
요하다. 안철수 전 국민의당 대표는 박근혜 씨 탄핵 직후 사면 가능성
을 언급하는 발언을 했다가 논란이 커지자 사면 논의는 부적절하다
고 입장을 밝혔다. 정확한 해석은 노회찬 의원에게서 나왔다.

중국집 앞을 지나가면서 "돈이 있다면 짜장면 먹는 문제를 심각
하게 검토할 수 있습니다"(한다면) 이 얘기는 먹고 싶다는 거 아니
냐 (이겁니다). 그런데 내가 먼저 언제 먹는다고 얘기했냐, 그냥 돈이
있다면, 돈이 있는 조건하에서 검토가 가능하다고 얘기했지, (이렇
게 말하고 있는 거예요).

하나를 반드시 없애야 한다면 짜장면과 짬뽕 중 무엇을 선택할 것인가를 놓고 토론한 적이 있다. 그게 뭐라고 함께 있던 사람들 모두 사력을 다해 토론했다.

짜장면은 국민 모두가 좋아하는 음식이다. 짬뽕을 다룬 노래는 없지만 짜장면을 다룬 노래는 있다. "어머니는 짜장면이 싫다고 하셨어." 짜장면 자리에 짬뽕을 넣어보라. 가난한 서민의 애환과 아이에 대한 어머니의 사랑을 짬뽕에 빗대는 게 얼마나 우스운 일인가.

짬뽕에는 짜장면이 따라올 수 없을 정도로 많은 재료가 들어간다. 양파부터 각종 해물까지 풍부하게. 짬뽕이 살아남아야 농민부터 어민까지 다 살 수 있다. 짜장은 기껏해야 양파에 돼지고기 정도인데, 그러면 이 땅 어민들은 다 죽으라는 이야기인가, 뭐, 이런 토론이었다.

토론 수준이 탄핵 직후 사면을 거론한 안철수 대표보다 높았다. 노회찬 의원의 짜장면 비유를 들으며, 짜장면이 열일한다 생각했다.

참, '간'철수라는 별명도 있었지만 '간'은 훌륭한 요리 실력을 가진 사람이 보는 것이다. 아예 생각이 없는 사람은 간이 아니라 눈치를 볼 뿐이다.

---

상계동 주민들은 결원이 된 노원병 국회의원을 보궐선거로 선출한 것이지, 국회 정무위원회에 결원이 발생해서 그 위원을

뽑은 것이 아니기 때문이다.

°2013년 4월 29일 '난중일기'.
노회찬 의원이 의원직을 상실한 뒤 재보궐선거에서 당선된
안철수 의원이 전임자였던 노회찬 의원의 '정무위'를
배정받아야 한다는 국회 일각의 주장에 대해.
이때는 노회찬 의원이 안철수 의원을 지원 사격한다. 드문 사례다.

_____

동네 빵집으로 어렵게 이룬 상권에 대기업 브랜드가 들어오
는 그런 상황입니다.

°2013년 3월 4일 〈불교방송〉 '고성국의 아침저널'.
안철수의 4·24 노원병 보궐선거 출마에 대해.

# 대장균 단독 범행이다

2017년 7월 5일
〈tbs〉'김어준의 뉴스공장'

2017년 대통령선거 며칠 전 국민의당은 문준용 씨가 고용정보원에 입사할 때 아버지인 문재인 후보의 개입이 있었다면서 기자회견을 열었다. 그로부터 한 달여 뒤 국민의당은 다시 기자회견을 열어 당시 증거라며 제시한 메신저 캡처 화면과 녹음파일이 조작된 것이었다며 사과했다. 국민의당 지도부는 이유미라는 당원의 단독 범행이라고 결론 내렸다. 노회찬 의원은 '냉면집 대장균'을 호출했다.

여름에 냉면집 주인이 "나는 대장균에게 속았다, 걔들이 이렇게 많을지 몰랐다, 많았으면서도 나한테 많은 척 안 했다"(하는 거나 마찬가지예요). 그걸 조사해가지고 많으면 팔지 말아야 될 책임이

냉면집 주인한테 있는데 "균이 나를 속였다, 대장균 단독범행이다" 이렇게 얘기하는 겁니다.

이 비유를 드는 건 꽤 가슴 아픈 일이었을 것이다. 노회찬 의원의 소울푸드 중 하나가 냉면이다. 언제나 맛있는 냉면을 제공하는 전국의 냉면집 주인들이 국민의당처럼 대장균 단독 범행을 주장할 리 없기 때문에 더욱 그렇다.

콜레라균을 이유미가 단독으로 만들었건 합작으로 만들었건 국민의당 분무기로 뿌린 거 아닙니까.

이유미 당원은 "당이 당원을 케어하지(돌보지) 않는다"고 여러 차례 말했다. 그런데 사실 안철수의 당은 항상 누구도 케어하지 않았고, 안철수만 케어하는 데 바빴다. 그러니 안철수가 하려던 '새정치' '보수혁신' 같은 게 성공할 리 만무했다.

한국과 같은 선거제도에서 제3당은 쉽지 않다. 지역구에서 뽑는 국회의원이 많고, 그 지역구에서 1등만 선출하는 선거제도에서는 결국 커다란 두 당만 살아남는다. 정치학에서는 이를 '뒤베르제의 법칙'이라고 부른다. 1등이거나 1등 될 가능성이 있는 사람이 모여 있는 당만 생존할 수 있다는 이야기다. 그러니 제3당을 만들어보겠다는 시도는 언제나 있었지만 대체로 실패했다. 짜장면과 짬뽕이 양분하고 있는 세계에서 어깨를 나란히 하는 제3의 메뉴는 아직 없다. 물냉면과 비빔냉면의 세계에서도 마찬가지다. 하물며 이름만 있을 뿐 정체가 불분명한 요리가 제3의 메뉴로 등극하는 게 가능할까? 불가능하다. 정체성이 불분명한 리더가 만든 정당도 그렇다.

바른미래당의 보수 혁신은 실패했다면서 노회찬 의원은 이렇게 지적했다.

정체성이 굉장히 애매모호하고 본인들도 인정하듯이 내부의 결합도도 굉장히 어수선한, 낮은 상태기 때문에 존재 자체가, 존재의 이유, 존재의 의미, 존재의 지속가능성 이런 것들이 다 의문시되고 있는 상황이라고 봅니다.
바른미래당이 다른 정치세력과 경쟁하고 다투는 것이 뉴스가 되는 게 아니라 바른과 미래가 다투는 것이 뉴스가 되고 관심사가되는 상황이 이어지고 있죠.[14]

특히 몇 년 동안 질소포장정치의 진수를 보여주었던 안철수 전 대선 후보의 미래를 묻는 뉴스 진행자의 질문에 노회찬 의원은 명쾌한 답변을 내놨다.

제가 볼 때 일반인들의 관심사는 아닙니다. 관계되는 분들의 관심사일 수는 있겠는데, 일반 국민은 몹시 바쁩니다. 생계유지를 위

해서도 그렇고.[15]

따지고 보면 안철수 본인도 몹시 바빠 국민의 미래가 자신의 관심
사가 아니었으니 준 만큼 받은 셈이다.

고속도로에서 100킬로미터 이상 달리면서 핸들에서 손 놓고
자율주행을 하고 있어요.

°2017년 9월 27일 〈tbs〉 '김어준의 뉴스공장'.
김명수 대법원장 인준안에 대해 안철수 국민의당 대표가
입장 없이 애매모호한 태도를 취하자.

내가 만든 말인데, 현재 한국 정치에서의 리더십이라는 것은
실제 이미지십image ship에 불과한 것일 경우가 많습니다. 그래
서 검증이 안 된 사람도 상관이 없어요. 이미지가 끌고 가기
때문입니다. 리더십의 여러 조항이 미확인 또는 확인 불가임
에도 이미지로 해결됩니다.

°2011년 8월 30일
한림국제대학원대학교 정치경영연구소 인터뷰.

얼마나 같고 다른가를 보려고 바른미래당 홈페이지에 들어

갔더니, '찾아오는 길'에 이런 게 있잖아요. 당사가 두 개예요, 아직까지도. 구 국민의당, 구 바른정당···. 뭐, 사정이 있겠죠. 이게 지금 한 지붕 두 가족이 아니라 두 지붕 두 가족이구나, 2월달에 통합을 했는데 아직까지 안 섞였다, 화학적으로만이 아니라 물리적으로도 덜 섞였다···.

°2018년 7월 12일 〈JTBC〉 '썰전'.

# 마치 공주가 왕궁을 잊지 못하듯이 강남을 잊지 못하고 있다

2014년 7월 17일
재보선 선거운동 중

2014년 7·30재보궐선거에서 노회찬 의원은 새누리당 나경원 후보와 서울 동작구에서 격돌했다. 그때 나경원 후보의 슬로건은 "강남 4구"였다. 꽤 신경 쓴 슬로건이다. 새누리당다운 머리 잘 쓴 구호였다. 누구나 강남에서 살고 싶어 하는 시대에 강남 4구라니. 어떤 동작구민은 저 말에서 희망을 느꼈을 수도 있다. 솔직히 '스웨덴처럼 복지국가를 만들겠습니다'보다 훨씬 와닿는다. 착 감긴다.

철학을 좀 따진다면, 강남 4구는 이런 말들과 유사하다.

"1인당 국민소득 3만 달러 시대를 열겠습니다."

"우리 학교가 이번 시험에서 도내 1등을 했습니다."

집단은 성장하지만, 구성원은 착취당하는 것. 대한민국의 운영원리

같은 것이다. 국가는 점점 부자가 되는데 국민은 왜 가난한지, 이 물음은 강남 4구에도 똑같이 적용된다.

못된 철학을 그럴듯한 슬로건에 담았다. 사악하다. 선한 얼굴을 한 범죄자가 꼭 이렇다.

마치 공주가 왕궁을 잊지 못하듯이 강남을 잊지 못하고, 그래서 정신적 강남인(이나 다름없습니다).
동작구민은 아닌 것 같습니다.
뉴타운 공약들이 모두 공수표가 된 후에도 계속 이런 거짓 공약을 남발해 표를 매수하는 행태입니다. 공주는 하나로도 골치 아픈 게 대한민국입니다. 동작에 필요한 건 공주가 아니라 머슴입니다.

노회찬 의원이 기자들에게 보인 반응이다. 당시 박근혜 대통령의 의문의 1패다. 아, 실제 나경원 후보는 동작구민도 아니었다. 출마 결정을 늦게 하면서 주소를 미처 옮기지 못했다. 나경원 후보의 주소지는 서울시 중구. 그러니까 중구 주민이 동작구에서 강남구를 외친 것이다. 그래도 당선된다. 뭐, 어떤가. 나랏일만 잘한다면 눈감아줄 수도 있다. 정말이다.

현재 시점으로 보면, 제가 객관적으로 한 표 앞서고 있습니다.

°2014년 7월 25일 사전투표를 마치고 나오면서.
그때 동작구 재보궐선거에서 나경원 후보의 주소가
동작구가 아니었기에 투표권이 없다는 사실을 말하며.

# 제가 물귀신이 아니라
# 자기가 원래 물에 빠져 있었어요

2018년 2월 23일
〈tbs〉 '김어준의 뉴스공장'

노회찬 의원은 늘 자유한국당을 공격하는 입장이었지만, 드물게 자유한국당으로부터 공격을 받기도 했다.

2018년 초 법사위 회의에서 자유한국당 김진태 의원이 노회찬 의원의 채용 청탁 의혹을 제기했다. 직전까지 비서관을 했던 사람이 의원실을 그만두고 법무부로 간 게 의심스럽다는 것이었다. 논리는 김성태 자유한국당 원내대표가 집대성했다. 자유한국당 내부 회의에서 이렇게 말했다.

"지난 2월 5일 법무부에서 10명의 변호사를 채용했는데, 법무부 인권정책과 사무관으로 채용된 사람이 법사위 위원이자 사개특위 위원인 노회찬 의원의 보좌진 6급 비서로 밝혀졌다. 법무부가 자신들을 감독할 위치에 있는 법사위·사개특위 위원 보좌진을 채용한 것."

권성동 법사위원장과 염동열 의원의 강원랜드 부정 채용 사건이 한창 시끄러울 때였다. 노회찬 의원은 이 사안과 관련해 곧바로 기자회견을 열었다.

이 사태는 기본적으로 한국당 전·현직 의원 일곱 명이 연루된 강원랜드 부정 채용 의혹 사건을 물타기하기 위한 침소봉대이고 과장이며 허위 날조입니다.

법사위에서 노회찬 의원은 권성동 법사위원장에게 직접 말했다. 김진태 의원이 친 공이 노회찬 의원을 거쳐 권성동 법사위원장에게 향한 것이다.

이번 채용과 관련해서 조금이라도 부탁이나 청탁한 바가 있으면 물러나겠다고 했습니다. 권성동 위원장께서도 똑같은 약속을 해주십시오. 강원랜드 채용 비리와 관련해서 검찰 수사 등과 무관하게 부정한 청탁이 있는 게 사실이라면 물러나겠다고 약속해주십시오.[16]

권성동 법사위원장은 "당연히 물러나겠다"라고 '당연히' 말하지 않고 "본인 신상만 말하지 왜 위원장까지 물귀신 작전으로 끌고 들어가느냐"고 했다. 이에 대한 노회찬 의원의 대답이 기가 막히다. '김어준의 뉴스공장'에서 한 얘기다.

제가 물귀신이 아니라 자기가 원래 물에 빠져 있었어요.

# 국회 난동의 역사적 기록으로서
# 보존 가치가 있어 촬영했습니다

2017년 5월
〈JTBC〉 '뉴스룸'

이낙연 국무총리 후보자 임명동의안을 국회에서 표결할 당시 자유
한국당 조원진 의원은 고함을 치며 격렬하게 항의했다.

"어데 정권 잡자마자 날치기하고 있노. 내가 다 찍어간다."

"협치한다며! 협치 같은 소리 하고 앉아 있네."

정작 조원진 의원의 이런 모습을 찍은 건 노회찬 의원이었다. '노회
찬의 노룩 라이브 with 조원진 의원'은 큰 화제를 불러 모았다.

국회 난동의 역사적 기록으로서 보존 가치가 있어 촬영했습니다.

기록은 하고 싶었지만 직접 보고 싶지는 않았습니다.

조원진 의원의 이날 행위는 국회 난동의 역사적 기록으로서 확실히 보존 가치가 있어 보인다. 팔만대장경, 훈민정음 해례본, 조선왕조실록 등에 비할 수는 없지만, 그래도 조원진 같은 분이 어디 흔한가.

원래 노회찬 의원은 역사적 기록을 보존하는 일에 열심이었다. 한 예로 2006년에는 조선왕조실록환수위원회 위원으로서 일본을 방문해 도쿄대 측과 협상을 했다. 그 후 국회에는 '조선왕조실록 되찾기 국회의원 모임'이 결성됐고, 조선왕조실록환수운동을 주도했던 분들의 끈질긴 노력으로 결국 도쿄대는 '조선왕조실록'을 서울대에 반환한다. '조선왕조실록 되찾기 국회의원 모임'에는 조원진 후보가 임명 동의에 반대했던 이낙연 당시 의원도 있었다.

그러고 보니 노회찬 의원은 《노회찬과 함께 읽는 조선왕조실록》을 쓴 적도 있다. 베스트셀러가 되었던 책이다. 역사적 기록에 대한 노회찬 의원의 인연은 참 다양하다. 그중에서도 역사적 기록으로서 보존 가치가 높은 건 노회찬의 말 그 자체일 것이다.

## 051 · 이인제

# 길 가다가
# 구석기시대 돌 하나를 발견한
# 그런 것

2018년 4월 5일
⟨tbs⟩ '김어준의 뉴스공장'

피부가 정말 좋다는 생각을 했다. 어쩜 저렇게 맑고 투명할까. 2004
년경 이회창 전 한나라당 총재를 본 적이 있는데, 첫 느낌이 그랬다.
생각했다. '좋은 거 많이 먹나 보다.' 그때 대통령선거에 두 번 낙선했
고, 일흔 가까운 나이였다.

이회창 전 총재가 2017년에 회고록을 내고 출판기념회를 열었다.
책 제목도 《이회창 회고록》이다. 책에서 박근혜 전 대통령 탄핵에 대
해 이런 말을 했다.

"침통한 심정을 금할 수 없었다. 그렇다고 이번 사태가 보수주의의
책임인 것처럼 야당이나 일부 시민세력이 보수주의를 공격하는 것은
잘못이다. 정말로 책임지고 반성해야 할 사람은 보수주의의 가치에

3장                                                                                         182

배반한 행동을 한 정치인들이지 보수주의가 아니다"[17]

이 소식을 접하고 '뭐, 그럴 수 있겠다'라고 생각했는데, 노회찬 의원은 매우 예리한 지적을 했다.

(이 전 총재가) 보수주의가 실패한 건 아니라고 점잖게 얘기했는데, 박근혜는 실패했지만 나는 실패하지 않았다는 얘기로 해석될 수밖에 없습니다.
보수는 나름대로 시대적으로 지켜야 할 만한 가치를, 그런 가치조차도 지키려고 하는 것이 보수인데, 이회창 총재는 사실 이미 시대가 지나간 거죠. 석기시대 인물이잖아요.[18]

그다음 얘기를 라디오로 듣다가 키득키득했던 기억이 생생하다.

철기시대가 되어도 일부 석기를 씁니다. 주된 생산도구가 아니지만 그래도 흔적이 남아서 쓰는 거거든요. 그래서 지금 시대에 이회창 총재도 있을 수 있는 거죠. 철기시대의 석기처럼. 그런 것이지 다시 석기시대로 돌아간다거나 그런 건 아닌 거죠.[19]

이회창 총재라는 사람에 대해 이야기하는 것이 아니라, 이회창 총재가 지금 와서 말하려는 '가치'에 대해 평하는 것으로 들었다.
2018년 지방선거 전이었다. 이인제 전 의원이 출마한다는 얘기가 들렸다. '피닉제' '불사조'라는 별명이 붙은 사람이다. 이회창 전 총재보다는 이인제 전 의원이 정치인으로는 더 오래된 사람이다. 정치계의 '실러캔스'라고나 할까. 이때도 '석기시대론'이 등장한다.

새로운 세대들에게는 든보잡(듣지도 보지도 못한 잡놈)입니다.
길 가다가 구석기시대 돌 하나를 발견한 그런 것이죠.

실제 이인제 전 의원은 자유한국당 충남도지사 후보로 출마했고 낙선했다. 포기한다면 불사조가 아니다. "난세를 바로 잡으려면 보수세력이 결집해야 한다. 이런 역할을 하겠다"면서 2019년 5월에 2020년 총선 출마를 다시 선언했다. 구석기시대 돌은 21세기에도 발견되는 법이니 놀랄 일은 아니다. 다만 신기할 뿐.

흘러간 옛노래가 라디오에서 가끔 나온다고 유행이 되지는 않는다. 음악프로그램에서 1위를 차지할 가능성도 없다. BTS를 어떻게 이기나. 가끔 취향이 같은 사람들이 즐길 수는 있지만…. 진짜 하고 싶은 말은 이거다. 난세를 왜 자기가 바로잡나.

# 정말 태형이 필요하다,
# 몹시 쳐라

2018년 7월 12일
〈tbs〉 '김어준의 뉴스공장'

안태근 전 법무부 검찰국장이 국회 법사위 회의에서 노회찬 의원을 만났다. 워낙 유명한 일이다. 그날 안태근 국장은 불량답변월드컵 우승에 해당하는 활약을 펼쳤다.[20]

**노회찬** 엘시티 사건에 대해서 청와대 민정수석실에 보고가 되고 있습니까?
**안태근** 기억이 없습니다.

법사위장 곳곳에서 탄식이 들렸다.

**노회찬** 기억이 없다고요? 보고한 사실이 없는 게 아니라 기억이 없다고요?

**안태근** 보고 안 했을 수도 있고요.

**노회찬** 보고 안 했을 수도 있고요? 누가요? 본인이요?

**안태근** 제가 보고한 기억이 없습니다.

**노회찬** 아니 보고 안 했으면 안 한 거지, 보고했을 수도 있다는 얘기예요? 네? 답변을 그따위로 하는 거예요?

**안태근** 아니, 그런 기억이 없습니다.

**노회찬** 아니면 아니고 모르면 모르는 것이지.

**안태근** 그럼, 모르겠습니다.

**노회찬** 막장입니다, 막장이에요.


그때 영상을 찾아보시기 바란다. 비언어적 의사소통의 요소들은 글로 나타낼 수 없기 때문에 안태근 씨가 그날 뿜어냈던 노회찬 의원에 대한 무시의 아우라는 영상으로 확인해야 한다. 해석하자면 "내가 너한테 대답을 해야 해?" "날 건드리는 거야 지금?"쯤 됐을까.

안태근 같은 사람의 눈빛은 내가 잘 안다. 많이 봤다. 노동운동, 진보정치나 하고 있는 사람들에 대한 엘리트의 경멸의 눈빛이다. 국민을 개돼지로 생각하는 자들이 공장에서 용접이나 했던 사람이 눈에 들어오겠나. 어쩌다 국회의원을 하고 있지만 여당도 아니고 제1야당 소속도 아닌 의원이 무서울 게 뭐가 있겠나.

대통령도 대학 나오지 못했다고 수근거리는 나라에서 서울대 법대에 엘리트 코스만 밟아온 인간이 얼마나 귀찮았을까. 꼬치꼬치 캐묻는 질문이 얼마나 하찮았을까. 그 질문을 던지는 노회찬 의원이. 안하무인인 자의 패기는 안태근처럼 발휘되는 법이다.

나중에 알고 보니 안태근은 '빽'도 빵빵했다. 우병우 민정수석과 몇 달 동안 1000통이 넘게 통화한 사이였다. 생각해보니 이해가 되긴 했다. 형편없는 영혼을 가진 자는 권력에 가까워질수록 남을 조롱하는 법이니까. 그때만 생각하면 분노가 가라앉질 않는데, 노회찬 의원은 그걸 또 이렇게 표현했다.

저는 그때 느낀 것이 우리나라가 태형이 없지 않습니까? 저도 태형을 반대하는데, 이 경우를 보면서 정말 태형이 필요하다, 이건. 몹시 쳐라, (싶더라고요).

나중에 안태근은 서지현 검사 성추행 혐의로 구속된다. 태형을 부활시켜라.

# 아이들 혼낼 때 보면
# 불안하면 손 만지고 있는
# 그런 모습입니다

2017년 7월 2일
〈시사IN〉 '인터뷰쇼'

1980년 5·18광주민주화운동 이후 노회찬 의원은 노동운동에 뛰어들었다. 많은 이에게 5·18은 인생의 항로를 바꾸게 만든 계기였다.

이명박 정부 때부터 〈임을 위한 행진곡〉이 다 함께 따라 부르는 노래에서 합창단만 부르는 노래로 바뀌었다. 노회찬 의원 입장에서는 분통 터질 일이다.

2013년 5·18민주묘지에서 5·18기념행사가 열렸지만 5·18 유가족들은 불참했다. 그자리에서 〈임을 위한 행진곡〉이 울려 퍼졌다.

"사랑도 명예도 이름도 남김없이, 한평생 나가자던 뜨거운 맹세…"

세 사람이 일어났다. 김한길 민주당 대표, 강운태 광주시장 그리고 노회찬 진보정의당 대표. 김한길 대표는 차렷 자세로 노래를 따라 불렀고, 강운태 시장은 태극기를 흔들었다. 노회찬 대표는 주먹을 들어 팔뚝질을 했다.

그 상태에서 그 곡이 나오니까 당연히 저는 예를 갖춰서 팔뚝질 하면서 불렀고, 그 옆에 분은 일어서서 부르셨고, 그 옆에 분은 일어날까 말까 눈치 보고 있는 상황이었습니다. 저분은 결국에 일어났지만 입은 벌리지 않았습니다.

〈시사IN〉 '인터뷰쇼'에서 노회찬 의원은 "대한민국 역사에서 앞으로 이런 광경은 없어야 된다"면서 당시를 설명했다. '결국 입을 벌리지 않은 분'은 박근혜 씨다. 5·18기념식에는 이정현 새누리당 대표도 와 있었다. 한때 잘나가던 분이다. 양손을 모으고 있는데 표정이 오묘하다. 노회찬 의원이 친절히 설명했다.

아이들 혼낼 때 보면 불안하면 손 만지고 있는 그런 (모습입니다).

불안을 느끼는 현대인이 많다. 불안함은 손으로 나오기도 한다. 이런 점을 이용해 최근에는 손장난감까지 개발됐다. 원래 ADHD 환자들을 치료하기 위해 개발되었는데, 요즘 미국 같은 데서는 어른이건 아이건 누구나 사용할 수 있도록 출시된 제품이 있다고 한다. 〈임을 위한 행진곡〉이 마음에 들지 않는다며 제창하지 못하게 하면 불안에 시달릴 수밖에 없다. 진상이 언젠가는 밝혀질 거라는 초조함에 손장 난감이 필요할 수도 있겠다. 이정현이 그 증거다.

'국가보훈처 위법·부당행위 재발방지위원회 진상조사단'은 2018년 11월 관련 조사를 진행했는데, 당시 오창익 위원장은 "〈임을 위한 행 진곡〉이 29주년 기념식부터 제창되지 못한 것은 이명박, 박근혜 대통 령이 느끼는 거부감이 가장 큰 원인이었던 것으로 보인다"고 말했다. 이 두 분, 진짜 거부감 든다.

# KTX가 코리아 택시입니까?

2012년 4월 6일
노원병 후보자 간 토론

2012년 총선 당시 노회찬 후보는 새누리당 허준영 후보와 격돌했다. 얼마 전까지 한국철도공사 사장이었던 분이다.

"KTX를 상계동에서 탈 수 있도록 하겠다."

당시 텔레비전 토론에서 허준영 후보가 이렇게 주장했다. 노원이 서울의 북쪽 끝인데다 서울역까지 접근성이 떨어지니 KTX 노선을 연장하겠다는 말이었다. 집 가진 사람들에게는 솔깃할 제안이다. 여기에 대한 노회찬 의원의 답은 이랬다.

KTX가 무슨 골목골목 다니는 코리아 택시입니까?

지역 후보로서 꺼내놓기 어려운 말이다. 서울 시민의 가장 큰 관심사는 뭐니 뭐니 해도 집값이다. 집 있는 사람은 있는 대로, 집 없는 사람은 없는 대로 그렇다. 뉴타운 열풍이 불어 진보정당이 맥을 못 췄던 바로 직전 선거, 그러니까 2008년 선거를 기억한다면, 내용이야 어찌 됐든 화끈하게 지역을 개발시켜준다는 공약에 정면으로 반기를 들기는 어렵다. 게다가 허준영 후보는 바로 직전 철도공사 사장이었다. 그전 선거에서는 하버드 출신의 영어 잘하는 영자신문사 사장 출신 후보가 노원구 학생들에게 영어를 가르쳐주겠다고 했다. 이번엔 철도공사 사장 출신 후보가 기찻길을 놔주겠다는 것이다. 노회찬의 대응은 가볍고 날렵했다. KTX를 '코리아 택시'로 부르면서 그 계획의 어이없음을 드러냈다.

허준영 후보는 철도공사 사장 시절, 정규직 직원 5000명 이상을 줄였다. 절반 이상이 정비 및 유지·보수 인력이었다. 총선이 있기 일 년 전 KTX는 잦은 사고로 '고장철' 소리를 들었다. KTX를 고장철로 만든 당사자가 노원까지 KTX 노선을 연장하자고 한 것이다. 노회찬 의원, 직전 선거보다 수월했겠다. 영어 못하는 유학생이 학생들에게 영어를 가르쳐주겠다고 공약한 꼴이었으니 말이다. 마음에 없는 소리다. 수월한 선거는 없다.

# 개혁 전도사
# 노회찬

노회찬 의원은 무엇보다 개혁 전도사였다.
사회 전 영역에서 개혁을 위해 목소리를
냈다. 정치를 바꾸기 위해 노력했고,
재벌과 싸웠다. 사법개혁을 위해
분투했고, 복지·평화·차별 해소를
위해 몸과 말을 아끼지 않았다. 7년간의
국회의원 재직 기간에 127건의 법안과
결의안을 대표 발의했다. 이 가운데
본회의를 통과한 것은 34건이다. '삼성
X파일 떡값 검사 명단 공개'는 그의
지난한 투쟁 중 하나에 불과하다.

# 비포 캔들Before Candle,
# 애프터 캔들After Candle[1]

2018년 1월 1일
정의당 신년인사회

가끔 노회찬 대표는 천재가 아닐까 생각했다.
2018년 1월 1일 정의당 신년인사회 인사말이다.

2018년 정의당이 새롭게 시대교체를 이끌어나가는 정당으로서
국민 여러분께 소임을 다할 것을 약속드립니다. 과거에는 예수 탄
생을 중심으로 기원전, 기원후로 나뉘며 B.C., 곧 Before Christ
이렇게 얘기했는데 이제는 좀 달라져야 할 것 같습니다.

이어진 말은 무엇이었을까.

비포 캔들Before Candle, 애프터 캔들After Candle. 촛불 원년을 넘어, 촛불 일 년을 맞이하는 2018년의 달라진 세상만큼 정의당이 변화를 선도해나가겠습니다.

'BC' 하면 신용카드를 떠올리는 사람들에게 경종을 울리는 말이다. 'Before Candle'을 만들어내고, 그걸 'BC'와 연결하다니. 신의 은총 없이는 불가능한 재능이다.

촛불 이전과 이후는 분명 달라져야 한다. 촛불을 들었는데도 변화가 없다면 낭패다. '5중 혁명의 시대'다. 촛불이 시작한 정치혁명, 한반도 평화혁명, 미투로 본격화된 여성혁명, 4차 산업혁명과 보호무역주의가 뒤섞인 세계경제혁명 그리고 기후혁명이다.

30년, 70년, 90년 만에 사상 처음으로 나타난 새로운 흐름들이다. 어떤 건 좋은 일이고, 어떤 건 나쁜 일이다. 앞의 세 가지는 '4·19혁명'의 '혁명'과 같은 뜻이고, 뒤의 두 가지는 '5·16군사혁명'이라고 우길 때의 뜻과 가깝다.

이 '5중 혁명'의 파고를 잘 넘어야 한다. 그중에서도 2016년 총선, 2017년 촛불혁명과 정권교체를 거치며 진행 중인 건 단순히 정당 간 지지율 변동이 아니라 거대한 정치혁명이다. 이것이 5중 혁명 중 첫번째다. 이 혁명의 1단계는 2020년 총선까지다.

70년 만에 한반도 평화를 위한 전대미문의 노력이 진행 중이다. 5중 혁명 중 두 번째다. 지금까지와는 완전히 다른 한반도다. 남북·북미 정상회담, 한반도 비핵화, 평화협정. 하나같이 꿈과 같은 일이다. 삐걱거렸다가 부드러워지기를 반복하지만, 수레바퀴는 계속 돌아야 한다.

세 번째 혁명은 여성혁명이다. '동일범죄 동일처벌'을 요구하는 몰카 반대집회 참여자들은 10대, 20대 여성들이 많았다. 낙태죄에 헌법 불합치 결정이 내려졌다. 여성은 출산의 도구가 아니라는 사실이 이제 확인되고 있다. 여성의 자기결정권은 강화되어야 한다.

경제혁명은 '4차 산업혁명'과 '보호무역주의혁명', 두 가지 측면에서 진행 중이다. 인공지능, 사물인터넷, 빅데이터 등 첨단기술이 삶 전반과 융합하는 세상. 모든 것은 연결된다. 생산성은 수직 상승하고 효율은 넘쳐난다. 인공지능은 바둑 말고 다른 것도 잘할 것이다. 모든 것은 '스마트'해진다. 자동화·지능화한 공장에서는 맞춤형 소량생산이 가능해지고, 스마트시티에서는 교통, 자연재해, 에너지 문제 같은 도시 문제가 대부분 해소된다.

보호무역주의는 트럼프가 포문을 열었다. 중국과의 충돌은 우연이거나 일시적 현상이 아니다. 1930년에 미국이 '스무트홀리법'을 만들어 관세를 잔뜩 올린 뒤 대공황이 더 심각해졌는데, 그때로부터 90년 만이다. 제2차 세계대전 이후 '브레튼우즈체제'를 거쳐 지금까지 이어진 세계 경제체제가 근본적으로 흔들리고 있다.

마지막 혁명은 불길하다. 기후혁명은 억지로 붙인 말이고, 사람이 더워서 살 수 없으니 기후 붕괴라고 하는 편이 낫겠다. 우리는 확실히 기후가 변하고 있다는 것을 느낀다. 2015년 유엔기후변화협약 당사국 총회는 '파리협정'을 채택했다. 지구의 평균기온이 산업혁명 전보다 2도 이상 올라가면 인류에게 심각한 위협이 될 것이므로, 지구의 온도 상승을 2도, 최대 1.5도 이하로 묶어두기 위해 애써보자는 게 골자다. 2019년 유럽은 45도를 넘나들었고, 알래스카는 30도 이상의 더위에 산불까지 닥쳐 곤욕을 치렀다. 그린란드의 얼음은 전례 없는 수준으로 사라지고 있다. 인간이 손쓸 수 없을 상황(티핑포인트라 부른다)이 바로 눈앞이라는 지적이 곳곳에서 나온다.

---

국민 세금으로 권력을 행사해온 모든 사람이 이 사태의 책임에서 자유롭지 못하다. 나 역시 마찬가지다.

°2014년 4월 30일 '난중일기'.
세월호 참사에 대해.

---

아직 숨을 거두지 않았으나 의학적으론 사망 판정을 받은 상태다.

°2009년 5월 18일 〈대한변협신문〉 인터뷰.
신자유주의에 대해.

우리나라 아동들이 전 세계에서 잠을 가장 적게 잔다고 합니다. 수면 시간이 가장 짧은 나라죠. 그다음에 학습 시간, 공부 시간이 가장 많은 청소년기, 그다음에 청소년기를 지나서는 연간 평균 노동 시간이 가장 많은 나라, 그다음에는 노년층이 되죠. 노인 자살이 가장 많은 나라. 이렇게 끔찍한 기록의 연속이죠. 그렇게 고생했으면 그다음엔 좀 편해야 되는데, 고난의 행군입니다, 평생. 거의 불교에서 얘기하는 고해의 수준. 한반도가 고행의 땅이죠.

° 한윤형과의 인터뷰.[2]


한마디로 '캠퍼스 모라토리엄'이죠.

° 한윤형과의 인터뷰.
대학 졸업 2년 뒤부터 학자금 대출금을 갚는다는 게 쉽지 않아
일부러 졸업 자체를 미루고 있는 상황을 빗대어.[3]

# 박근혜 대통령이
# 미확인 비행물체입니까?

2016년 11월 25일
〈JTBC〉 '밤샘토론'

**양동안** 국민이 흥분하고 있는 것은 박근혜 대통령의 아직 확인되지 않은 잘못 그것도 있습니다만.

**노회찬** 대통령이 미확인 비행물체입니까? 뭐가 미확인됐습니까? 알 것 다 알고 확인될 것 다 확인됐기 때문에 그 선에서 국민이 판단하고 움직이는 거거든요. 우리 국민 다 판단력이 있는 겁니다. 우리 국민이 일부 언론의 선동에 넘어가는 사람들이 아니에요.

촛불항쟁은 세계 민주주의 역사에 한 획을 그었다. 그 중심에 국민이 있었다. 박근혜·최순실 투톱의 국정농단은 민주주의가 도저히 용납할 수 없는 것이었다. 몰수패는 당연하다. 박근혜 전 대통령의 취임

3주년이었던 2016년 2월 25일, 노회찬 의원은 이렇게 조언했다.

취임 3주년 맞은 박근혜 대통령부터 '진실한 사람'이 되어야 한다.

박근혜 전 대통령은 그 몇 달 전 국무회의에서 "진실한 사람들만이 선택받을 수 있도록 해주시길 부탁드린다"고 발언했다. 같은 자리에서 그는 "자기 나라 역사를 모르면 혼魂이 없는 인간이 되고, 바르게 역사를 배우지 못하면 혼이 비정상이 될 수밖에 없다. 이것은 참으로 무서운 이야기"라는 참으로 무서운 이야기를 했다. 너도나도 '진박'이 되려고 노력했다.

그러나 노회찬 의원이야말로 진박의 진수를 보여줬는데, 2016년 총선에 출마하며 총선 공약을 '진박 10대 공약'으로 발표했다. 이 정도는 해야지.

소득 불평등 해소와 진정한 대·중소기업 상생, 공정한 경제를 통해서 경제성장을 뒷받침하기 위해 20대 국회에 들어가 박근혜 대통령의 경제민주화·사회정의 10대 공약을 앞장서 입법하겠다.

결국 박근혜 씨는 끝까지 진실한 사람이 되지 못했다.

화염병 안 던진다고 이 집회(촛불집회)를 우습게 봐선 안 된다. 2만

명 모였던 첫 집회부터 참여했는데 자기 식구들 데리고 나오는
건 존재를 걸었다는 것.[4]

탄핵 판결 당일까지 탄핵이 기각될 것이라고 철석같이 믿고 케이크까
지 준비했다는 박근혜 씨였다. 뭐 이렇게 자신에게 진실하지 않은 대통
령이 있나. 화염병보다 무서운 촛불은 결국 그 대통령을 끌어내렸다.

---

법률상 배우자(황교안 총리) 있고, 이혼하지 않은 채 약혼자(김병
준 총리 후보자) 있고, 파혼하지 않고 새 배우자 물색하는 상황.
(박 대통령이) 탄핵됐을 때 문자 해고 통보받은 사람이 권한대
행이 된다는 건 헌정과 국민에 대한 모독.

°2016년 11월 〈한겨레〉 '더 정치' 인터뷰.
박근혜 대통령이 거듭되는 촛불시위에도 불구하고
권한은 내려놓지 않으면서
국회에 총리를 추천해달라고 요청한 것에 대해.

---

**김어준** UFO 믿으십니까?

**노회찬** 저는 거기에 대해서 결론을 아직 안 내리고 있습니다.

°2007년 5월 2일 〈딴지일보〉 인터뷰.
인터뷰 중 느닷없이 UFO를 믿느냐는 질문을 받고.

# 그럼, 황교안 게이트입니까?

2016년 11월 11일
국회 대정부 긴급현안질문

황교안 자유한국당 대표와 노회찬 의원은 악연이다. 2016년 11월
박근혜·최순실 게이트 당시의 일이다. 국회 대정부 긴급현안질문에
서 노회찬 의원이 당시 황교안 국무총리에게 질문했다.

**노회찬** 이 사태에서 총리의 책임이 큽니까, 대통령의 책임이
큽니까?

**황교안** 저는 제 책임이 크다고 생각합니다.

**노회찬** 그럼, 황교안 게이트입니까? 박근혜 게이트인데 왜 스스로
누명을 뒤집어씁니까?

**황교안** 국정을 잘 보좌하고 그런 문제가 생기지 않도록 했어야 했

는데 송구합니다.

경기고 재학 시절 노회찬 의원은 첼로를, 황교안 대표는 색소폰을 불었다. 노회찬 의원은 이때부터 학생운동에 뛰어들어 유신 반대 유인물을 뿌리기도 했다.

학도호국단 체계에 대한 부정적인 인식, 이런 거. 중학교 때는 아예 몰랐는데 그런 데 대해 거부감이 강했던 거죠.[5]

황교안 대표는 학도호국단장이었다. 이승만이 만들었지만 4·16혁명 이후 해체되었다가 박정희가 부활시킨 학생군사조직이다. 노회찬 의원은 유신에 반대했고, 황교안 대표는 박정희의 가치를 몸에 각인했다.

이후 노회찬은 노동운동에 매진하다가 인민노련 사건으로 구속되었다. 국가보안법 위반 혐의였다. 황교안은 공안검사가 되었다. 별명이 '미스터 국가보안법'이었다. 《국가보안법 해설》이라는 제목의 책을 쓰기도 했다. 《집회·시위법 해설》도 냈는데, 노회찬은 집회·시위 전문가였다.

2005년 노회찬 의원이 '삼성 X파일'에 있던 떡값 검사 명단을 공개했을 때 황교안 대표는 X파일 사건 수사팀을 지휘한 서울중앙지검 2차장이었다. 황교안 대표는 삼성 이학수 비서실장, 〈중앙일보〉 홍석현 사장 그리고 돈 받은 검사 누구도 기소하지 않았고, 노회찬 의원과

〈MBC〉이상호 기자만 기소했다. 그 덕에 노회찬 의원은 2013년 2월 14일 통신비밀보호법 위반 혐의로 집행유예가 확정되어 의원직을 잃었다. 그 전날 황교안 대표는 박근혜 정부의 법무부 장관이 된다.

2015년 6월 10일. 박근혜 씨의 국무총리가 되려고 할 때 노회찬 의원은 국회 청문회 증인으로 나와 황교안 후보자는 '총리 부적격자'라는 취지로 증언한다.

지금 국민이 원하는 국무총리가 과연 공안검사 출신인가?
국무총리에 공안통을 임명하겠다는 것은 대통령이 국무총리 자리를 우습게 보는 것이다.[6]

국회 대정부 긴급현안질문에서 노회찬 의원의 질문이 이어졌다.

**노회찬** 대한민국에 실세 총리가 있었다면 최순실이에요. 나머진 다 껍데기예요. 알고 계시잖아요?
**황교안** 그렇게 속단할 일 아닙니다. 국정 그렇게 돌아가지 않습니다.
**노회찬** 속단이 아니라 뒤늦게 저도 깨달았어요. 지단이에요.

이런 악연이 있을까 싶다. 그러나 독재정권 시절을 함께 살았던 자유인 노회찬과 그 시절에도 '모범생'이었던 황교안. 체제에 맞서 노동자 민중과 더불어 명예롭게 살아온 사람이, 체제에 순응하며 부와 권력에 취해 산 자와 거듭 조우하는 일이 우연일 리는 없다.

**정봉주** 친구분 한 분 계시죠?

**노회찬** 죄송합니다.

°2017년 3월 14일 〈SBS〉 라디오 '정봉주의 정치쇼'.
황교안 총리와 친구냐고 묻자.

아니, 우린 학교에서 그렇게 배웠거든요.

부적격할 때는 부적격하다고 (말하라고).

같이 배웠습니다.

°2017년 3월 14일 〈SBS〉 라디오 '정봉주의 정치쇼'.
황교안 총리 인사청문회 때 노회찬 의원이 증인으로 참석해
부적격하다고 말한 것이 친구로서 미안하지 않느냐고 묻자.

법과 원칙을 현저히 위배했으며, 공정한 법집행을 하지 않았습니다.

°2015년 6월 10일 국회 인사청문회.
'삼성 X파일' 사건 수사 책임자였던 황교안 후보에 대해.

# 청소할 때 청소해야지, 청소하는 게 먼지에 대한 보복이다, 그렇게 얘기하면 됩니까?

2018년 1월 2일
〈JTBC〉 '신년특집 대토론' 직전 '소셜 라이브' 방송

"정치뿐만 아니라 만연해 있는 적폐를 청산하는 것은 보복이 아니라는 말씀이시죠?"라고 강지영 아나운서가 물었다.

그렇죠. 청소할 때 청소해야지, 청소하는 게 먼지에 대한 보복이다, 그렇게 얘기하면 됩니까?

항상 먼지에 대해 보복하는 심정으로 청소하는 나로서는 뜨끔할 말이다. 청소는 보복이 아니라 오히려 보상이다. 집 구성원들, 예를 들면 책상, 소파, 화분 그리고 무엇보다 사람…. 이 공간을 일주일쯤 묵묵히 견뎌온 존재들에 대해 미안함과 연대의식을 담아 진행하는 보상

행위다. 미안해, 더러운 곳에서 고생했지? 이제 집 좀 치울게.

국가도 그렇다. 부정과 부패로 더러워진 나라에서 묵묵히 버텨온 사람들에 대한 보상, 그것이 곧 적폐청산이다.

문무일 검찰총장은 2017년에 "적폐청산 수사"를 "연내에 마무리" 하겠다고 발언했다. "수사 피로감"에 대해서도 언급했다. 노회찬 의원의 얘기를 들어보자.

피로한 분들은 조사를 받는 분들, 조사받기 위해 대기하고 있는 분들, 조사 요청을 받는 분들이 피로한 것(입니다).[7]
청소를 1월 말까지만 하고 더이상 하지 않겠다는 것은 없습니다.[8]
이것은 잘못된 시대를 엎고 새로운 시대를 만들어나가는 것이지 한 집단이, 한 개인이 누구를 향해 복수하는 게 아니잖습니까. 신석기시대가 구석기시대를 보복합니까? 그건 시대가 바뀌었을 따름이죠.[9]

고양이를 집에 들이고 나서 '시대'가 바뀐 걸 느낀다. 고양이는 집안 구석구석을 그야말로 성역 없이 돌아다닌다. 그동안 제대로 청소하지 않았던 베란다, 다용도실, 화장실을 지나치게 왔다갔다한다. 공간 사용의 평등이 이렇게 지켜진 적이 없다. 다용도실에 가서 한참을 누워 있다가 곧바로 소파에서 뒹구는 걸 보고 있으면 처음에는 속이 뒤집어졌다. 대책은? 베란다로 나가는 문 차단, 다용도실로 들어가는 문 차단, 화장실 문 항상 닫아놓기.

여름이 다가오자 더이상 해당 정책을 유지하기가 힘들어졌다. 너무 더워 바람이 통해야 했으니까. 결국 다용도실, 베란다, 화장실을 소파와 거실 수준으로 깨끗이 청소하는 쪽을 택했다. 우리 집 적폐는 거의 청산됐다. 온몸으로 먼지 구덩이 속에서 적폐의 존재를 알린 고양이 덕분이다. 확실히 새로운 시대가 왔다.

---

좀 엉뚱하죠. 학교 앞에 자기들이 잘 다니던 분식집 가게 주인이 구청에 소환됐는데 수업을 왜 거부하는 거야.

°2017년 9월 6일 〈tbs〉 '김어준의 뉴스공장'.
김장겸 전 〈MBC〉 사장에게 체포영장이 발부되자
자유한국당이 국회 일정을 보이콧한 것에 대해.

# 파리 끈끈이 같은 거죠

2017년 3월 14일
〈SBS〉 라디오 '정봉주의 정치쇼'

리플리증후군이라고 있다. 네이버 지식백과의 소개글이다.

리플리증후군
현실 세계를 부정하고 허구의 세계만을 진실로 믿으며 상습적으로 거짓된
말과 행동을 일삼는 반사회적 인격장애.

"피청구인 대통령 박근혜를 파면한다."
2017년 3월 10일 헌법재판소 탄핵 결정 이후 박근혜 씨는 청와대
에서 삼성동 집으로 거처를 옮겼다. 집 앞에서는 박근혜 지지자들의
집회가 연일 열렸다. 분위기는 험악했다.

"저 사람 좌파다!"

자기들끼리 충돌하기도 했다.[10]

박근혜 씨 집과 바로 붙어 있는 삼성동 삼릉초등학교 학생들은 고생이 심했다. 집회하는 곳이 등하교 길목이었기 때문이다. 탄핵 결정 3일 만에 삼릉초등학교에서는 가정통신문까지 발송했다.

"우리 학교 어린이들의 안전을 최우선으로 하여 가능한 모든 조치와 준비를 다할 것을 약속드립니다."

삼성동 집에는 지지자들만이 아니라 친박 의원들도 모였다. 이른바 '삼성동계 8인방'이다. 서청원, 최경환 의원 등이었는데, 노회찬 의원이 한 방송에 나와 이를 두고 이야기를 나눴다.


**진행자** 박 전 대통령의 대응, 삼성동에서 문 걸어 잠그고, 왜 저래요, 진짜?

**노회찬** 아직 꿈에서 덜 깬 거죠.

**진행자** 리플리증후군이라고 어제 어느 분이 얘기하더라고요. 자기가 보고 싶은 것만 보고, 듣고 싶은 것만 듣는.

**노회찬** 그렇죠. 그렇게 된 지가 벌써 한 36년 됐기 때문에 (중략) 그냥 마음에 담고 싶은 사람들, 태극기 들고 성조기 들고 시청 앞에 모인 그런 분들만 눈에 보이는 거죠.

**진행자** 삼성동에 모인 분들 어떻게 해요?

**노회찬** 파리 끈끈이 같은 거죠. 거기 모인 거 나중에 그것만 들어내면 되는 겁니다. (중략) 분리수거라는 말이 있잖아요. 재활용이 가능한 것과 재활용이 불가능한 것을 나누는 그런 과정에 있다고 지금 봅니다.

파리 끈끈이의 위력은 대단하다. 파리가 한 번 붙으면 절대 빠져나오지 못한다. 손이 붙어도 바로 못 뗀다. 분리수거는 꽤 복잡하고 힘든 작업이다. 내가 항상 하기 때문에 잘 안다. 분리수거 인생 초반기에는 그냥 하나의 통에 재활용품을 담은 뒤 분리수거장에 가서 분리했다. 내내 쓰레기 냄새를 맡았다. 나중에는 집에서 플라스틱, 비닐, 종이 하는 식으로 아예 통을 나눠 사용했다. 쓰레기 냄새를 덜 맡게 되었다. 분리수거를 잘하는 건 가정 환경에도, 나라 환경에도 큰 도움이 된다.

분리수거 잘해야 한다. 탄핵 이후 분리는 좀 되는 것 같지만 수거가 미진한 것 같아 마음이 끈끈하다.

———————

총 열두 명의 우주인이 여섯 차례에 걸쳐 달에 착륙한 바 있습니다. 아직도 아폴로 11호가 달에 착륙하지 않았다는 의혹이 있습니다. 태블릿PC도 마찬가지입니다.

°2017년 10월 23일 국회 국정감사.
탄핵 후 시간이 꽤 흘렀는데도 최순실의 태블릿PC에 대해
다시 음모론이 제기되자.

'알쓸신잡'이라고 아세요?

°2017년 10월 31일 최순실 태블릿PC 속의 드레스덴 연설이 기록된
시간에 대해 김진태 자유한국당 의원이 문제 제기를 하자
이에 대해 법무부 장관에게 알아두면 쓸 데 있는 걸
말씀드리려 한다면서 한 이야기.

불법 건축이라고 고발하거나 할 때 문제가 되면 재판부에 등

기부등본이나 관련 서류를 제출하는 것이지 그 건물을 제출

하는 것은 아니지 않습니까.

°2017년 10월 23일 국회 국정감사.
자유한국당 김진태 의원이
태블릿PC가 증거물로 채택되지 않았다며
윤석열 중앙지검장에게 문제를 제기한 것에 대해.

# 국가정보원이
# 국가의 상원입니까?[1]

2018년 1월 12일
진주 강연회 '촛불이 꿈꾸는 정치'

국회 특수활동비는 국회의장단, 교섭단체 대표, 상임위원장들이 지급 대상이었다. 〈기획재정부 예산편성지침〉이라고 있다. 매년 기획재정부 장관이 다음 해 예산을 어떻게 짜야 하는지 방향과 목표를 정리해 각 부처에 준다. 국무회의 심의를 거치고 대통령의 승인을 얻는다. 여기 보면 특수활동비는 "기밀 유지가 요구되는 정보 및 사건 수사, 그 밖에 이에 준하는 국정 수행 활동에 직접 쓰이는 경비"로 되어 있다.

교섭단체 대표에게까지 주는 국회 특수활동비가 문제였다. 국회가 기밀 조직인가? 아니면 수사기관인가? 국회 특수활동비는 실제로 기밀 사항과는 상관없는 활동비, 출장비, 의전비 등으로 사용되었다.

국회만 특수활동비가 있는 건 아니다. 국정원, 국방부, 대법원, 국세청 등 정부부처 상당수에 특수활동비가 지급된다. 독특한 쓰임새가 있었던 특수활동비 중 하나는 국정원 특수활동비다.

특수활동비 가지고 한 달에 몇 억씩 대통령에게 갖다 바치고, 대통령이 그거 갖고 기 치료 받고 의상실 운영하고. 아니, 국가정보원이 국가의상원입니까? 국가의상원이에요? 나라 의상을 만드는 그 돈 대는 곳이에요? 그런 식으로 했다는 거 아니에요.

노회찬 의원이 일단 집중했던 건 국회 특수활동비 폐지였다. 국회 특수활동비는 극히 일부를 제외하고는 폐지되었다. 특수활동비 폐지는 그러니까 국회의 특권을 없애는 작업의 일환이다. 그래도 여전히 특권은 꽤 남아 있다.

"그 의원은 차 트렁크에 발렌타인 30년산을 잔뜩 싣고 다니다가 식사 때마다 기자들한테 한 병씩 돌려."

기자가 직접 해준 이야기다. 국회의원이 특권층으로 인식되는 건 이런 의원들 때문이다. 평균치를 따지면, 국회의원은 40억 원 넘는 재산을 가진 50대 비장애인 남성이다. 상당수는 강남에 아파트를 가지고 있다. 대한민국에는 40억 재산은 꿈도 못 꾸는, 50대 비장애인 남성으로만 정체성을 설명할 수 없는 사람이 압도적으로 많다. 강남이 아니라 전국 어디에도 자기 소유의 집이 없는 사람들이 태반이다.

어쩌면 당연한 일이다. 몇 억의 선거 비용을 동원할 수 있는 사람만 국회의원이 될 수 있으니까. 1등만 당선되는 선거제도 아래에서는 '모 아니면 도'를 감당할 수 있는 재력 있는 사람들, 당선되어 보전받을 걸 감안하더라도, 우선은 그 몇 억을 대출받을 수 있는 신용이나 담보가 있는 사람들, 혹은 그런 돈을 동원할 인맥을 갖춘 사람들이 주로 선거에 뛰어든다. 도박도 밑천이 있어야 하는 법이다.

이러니 국회는 강북보다는 강남에, 축구나 야구보다는 골프에, 맥주나 소주보다는 발렌타인 30년산에 가깝다. 당연히 국민보다는 재벌에, 서민보다는 기득권층에 밀착한다.

많은 정치인이 어제는 어묵 취식이 중심이 된 재래시장 밀착 행보를 하고, 오늘은 대형마트 규제 완화에 찬성하는 건 그래서 정신분열이 아니다. 정신이 분열할 것 같은 이 세태에 노회찬 의원이 칼을 들이댄 것이다.

---

국정원은 사실 지금 국가정보원으로서의 기능은 거의 상실한 거 아니냐, 이렇게 봅니다. 우리 국민이 볼 때는 국정원이 아니라 국가걱정원이다, 이렇게 보이는데요.

°2013년 7월 3일 〈CBS〉 '김현정의 뉴스쇼'.
국가정보원이 2007년 남북정상회담 대화록을
악의적으로 왜곡해 발췌했다는 사실이 드러나자.

국가보안법의 일부 조항을 형법에 옮기는 것은 독이 퍼져 있
는 장기를 이식하는 것과 마찬가지다.
독버섯은 옮겨 심어도 독버섯일 뿐이다.

°2004년 9월 5일 '난중일기'.
국가보안법 전면 폐지가 아닌 부분 개정을 하자는 주장에 대해.[12]


초등학교 담벼락에 어린아이 키만 한 붉은 글씨로 "사랑하는
사람도 알고 보면 간첩이다"라고 써놓았던 사람들이 마지막
비명을 지르고 있다.

°2004년 9월 9일 '난중일기'.[13]


도둑질하다 잡혔으면 부끄러운 줄 알아야지, '세상에 도둑이
나만 있냐'고 하면 안 되는 것 아닌가.

°2012년 4월 6일 〈SBS〉 '시사토론'.
이명박 정부가 국무총리실 공직윤리지원관실을 통해
불법사찰한 것에 대해 당시 박근혜 비대위원장이
"이번에 공개된 자료 중 80퍼센트가 전 정권에서 만들어졌다는
것을 듣고 '어느 정권이나 불법사찰을 하는구나' 생각했다"고
말한 점을 비판하며. 이때 노회찬 의원은 "이번에 공개된
2619건의 자료 중 80퍼센트가 노무현 정권에서 만들어졌다고 하는데,
그 자료들은 불법사찰이 아니고 경찰의 직무감찰 자료였다는 얘긴데,
여기에 자꾸 다른 얘기를 섞을 필요는 없다"고도 말했다.

# 구부러진 막대기를 펴기 위해
# 당분간 반대편으로
# 더 구부려야 합니다[14]

2004년 5월 27일
〈신동아〉 인터뷰

정치가 국민을 외면하는 곳에서 '정치인들은 다 도둑'이다. 월급은 많이 받고 일은 하지 않는다는 평가를 받기 마련이다. 반대의 경우 정치인은 국민의 공복이다. 대한민국 국회의원은 도둑인가, 심부름꾼인가.

일단 국회의원 세비가 너무 많다. 일 년에 각종 수당, 활동비 등을 합쳐 1억 5000만 원에 가깝다. GDP 대비로 따지면 한국 국회의원의 월급은 OECD에서 3위 정도다. 이런 동메달은 낯부끄럽다.

노회찬 의원은 2004년 총선에서 당선된 뒤 당시 노동자 평균 임금이던 180만 원만 받고 나머지는 당에 반납했다. 당은 그 돈을 정책개발 등에 썼다. 이와 관련해 한 인터뷰에서 그는 이렇게 말했다.

정치 현실에 대한 국민의 불신이 깊기 때문에 구부러진 막대기를
펴기 위해 당분간 반대편으로 더 구부려야 합니다.[15]

정치 현실에 대한 국민의 깊은 불신을 해소하기 위해 노회찬 의원
을 비롯한 당시 민주노동당 의원들은 꽤 오랫동안 노동자 평균임금만
월급으로 받았다. 반면, "지금도 세비가 적은데 어떻게 세비를 더 줄
이라고 하느냐"고 펄펄 뛴 의원도 있다. 정개특위 소속 자유한국당 김
학용 의원이다. 2017년 3월 의원 정수를 200명으로 줄이자는 내용을
주제로 토론회를 연 자리에서 그가 한 말이다. 안 그래도 자유한국당
은 의원 정수 확대에 격렬하게 반대하는데, 의심할 수밖에 없다. 의원
이 늘면 필연적으로 따라오는 특권의 축소, 특히 세비 감소가 싫은 거
다. 언제나 문제는 '소수의 기득권층'이다.

로스쿨제도 도입에 가장 반대했던 건 기존 법조인들이었다. 지금도
대한변협은 매년 1500명가량 뽑는 변호사 시험 합격생 숫자를 3분의
2 수준으로 줄여야 한다고 주장한다. 변호사 숫자가 늘어나면 기존
변호사들의 수입은 당연히 줄어든다. 사회적 위상도 낮아진다.

숫자가 너무 늘어 변호사 일이 예전 같지 않다는 탄식, 변호사가
6~7급 공무원으로 재취업하는 경우까지 있다는 한탄이 가끔 들리는
데, 국민이 아니라 기존 법조인에게서 나오는 소리다. 국민 입장에서
는 당연히 변호사가 늘어야 좋다. 법률서비스에 쉽게 접근할 수 있고,
생활 편의도 그만큼 향상되니까.

변호사뿐인가, 애초 생필품이 다 그렇고, 공공서비스 또한 그렇다. 상추 가격이 금값이 되고, 추석이나 설 같은 명절에 사과며 배 가격이 서민들을 힘들게 할 만큼 오르는 건 우선 수확량이 줄어서다. 공공주택이 적으니 집값은 시장에서 널을 뛰고, 집 없는 서민의 시름은 깊어진다. 공공의료서비스 비중이 낮으면 아파도 치료받지 못하는 사람들이 늘어난다. 국공립어린이집과 대중교통은 또 어떤가. 꼭 필요한 것들은 적정 규모를 갖춰야 한다.

촛불혁명은 "정치가 똑바로 해야 한다"는 국민의 명령이었다. 그 어느 때보다 정치의 역할이 중요해지고 있고, 국민 다수가 이 점을 인식하고 있다. 그러니 정치가 꼭 필요한 것이라는 점에 동의한다면, 국회의원 정수를 확대하자. 그래야 국민의 정치에 대한 접근성이 높아질 것이고, 삶의 질도 나아질 것이다.

국민을 제대로 대변하는 곳에서 정치인은 국민의 심부름꾼이다. 대부분의 복지국가가 그렇다. 이런 나라는 대개 의원 숫자도 많다. 국회의원 한 명당 인구수를 따져보면 그 차이가 확연히 드러난다. 한국을 제외한 OECD 33개 나라의 국회의원 한 명당 인구수는 평균 9만 7000명가량이다. 스웨덴, 핀란드, 노르웨이 같은 '복지 천국'은 국회의원 한 명당 인구수가 2~3만 명 수준이다. 그러나 한국은 국회의원 한 명당 인구수가 16만 7000명이다. 한국 국회의원이 특별히 부지런한 게 아닐 텐데 다른 선진국보다 7만여 명이 더 많다.

학급당 학생 수가 60~70명이던 시절 콩나물 교실에서 선생님의 역할은 제한적이었고, 동시에 권위적이었다. 교사 수가 늘고 교사가 돌보는 학생 수가 줄어야 교육의 질이 높아지는 건 상식이다.

마찬가지다. 국회의원 수가 늘어 한 명당 인구수가 줄어야 정치의 질이 높아진다. 그 반대의 경우가 우리다. 콩나물 교실은 많이 해결되었지만, 정치는 옛날 그대로다. 이러니 정치인의 역할이 제한적이고 동시에 권위적일 수밖에 없다. 하는 일 없이 폼만 잡는다는 얘기다.

생선가게에 다시 고양이들이 나타났다.

°2005년 2월 15일 '난중일기'[16]
2004년 개정한 정치관계법을 정치개혁특위가 출범하면서
일 년도 지나지 않아 고치려는 움직임을 보이자.

입만 열면 서민이니 복지니 하지만 환경노동위원회는 15명.

°2013년 6월 12일 국회 상임위원회 정수가 합리적 근거 없는
담합의 산물임을 지적하며 다음과 같이 주장했다.
"국회의장은 여야 합의 사항이라며 방관하고,
여야 원내 교섭단체 대표는 담합으로 특권을 확장한다.
그 결과가 국토교통위원회가 31명, 교육문화체육관광위원회가
30명인 반면, 일 많고 생기는 게 없는 법사위는 16명,
입만 열면 서민이니 복지니 하지만 환경노동위원회는 15명,
농림축산위원회는 19명, 보건복지위원회는 21명이다.
그 중요하다는 '국방'위원회도 17명이다."

직권상정 다음은 직권 재집권입니까?

　°2009년 7월 22일 트위터. 미디어법 직권상정 직전에.

파출소에서 상시 순찰한다고 하니까 불편해하는 분들은 범
법자밖에 없다.

　°2016년 5월 24일 국회의원 당선자 총회에서
　국회가 의결한 국회법 개정안(상시청문회법)에 대해
　청와대가 거부하는 움직임을 보이자.

오늘 국회 68주년 개원기념일인데, 국회 생일날 생일 잔칫상
에 모래를 끼얹는 격.
대통령이 생각하는 협치는 서로 '협동하는 정치' '협력하는
정치'가 아니라 '협박하는 정치' '협량한 정치'.

　°2016년 5월 27일 박근혜 대통령이
　'상시청문회법'에 대해 거부권을 행사하자.

돈이 없어 정책 개발 못한다는 말보다 용돈이 부족해 성적이
안 오른다는 말이 더 정직할 것이다.

　°2004년 7월 18일 '난중일기'.
　대통령이 국회의장 초청 삼부요인 만찬 자리에서
　"국회의원이 정책 개발하려면 교수도 만나 밥도 먹어야 하는데
　밥을 못 산다"고 말한 것을 두고 부적절함을 지적하며.[17]

밥은 끓고 있는데 불을 조정해서 뜸으로 익힐 생각을 않고 있다. 초보자들이 밥을 태우는 것은 불 조정 타이밍을 맞추지 못하기 때문이다. 정치는 타이밍이다.

°2004년 9월 12일 '난중일기'.
4대 개혁입법의 개혁성을 지키면서 국회 통과를 관철하려면
개혁 공조의 상대가 누구인지 자명한데
열린우리당이 이를 모르고 시간을 보내고 있다면서.

개헌 논의가 고개를 드네요. 지금 개헌 논의는 초상집에서 성형수술 하자는 것과 다를 바 없습니다. 헌법 바꾸는 것보다 대통령 생각 바꾸고 국정운영 기조 바꾸는 것이 시급하다고 많은 국민은 생각하고 있습니다.

°2009년 7월 16일 트위터.[18]

# 이것이 미국 유권자와
# 한국 유권자가 갖는
# 권력의 차이라고 생각합니다

2018년 2월 6일
원내 비교섭단체 대표 연설

품 안에서 종이를 꺼내 펼쳤다. 점점 커지더니 A3용지 크기의 종이가 되었다. 2018년 2월 6일 원내 비교섭단체 대표 연설 때의 일이다.

유권자 10퍼센트 이상이 사용하는 언어로 투표용지가 인쇄되는 미국 법률에 의해 한글로 인쇄된 미 캘리포니아 주 오렌지카운티의 투표용지입니다. 어떤 분은 지방선거 때 개헌국민투표를 하면 모두 8번 기표해야 하기 때문에 고령자들이 힘들어서 안 된다고 말씀하시는데, 미국 유권자는 26번 기표하고 있습니다.
이것이 미국 유권자와 한국 유권자가 갖는 권력의 차이라고 생각합니다.

말하고 싶었던 것은 정확히 이랬다.

제왕적 대통령제의 폐단을 거론하면서 대통령 권한 분산을 얘기하지만, 분산된 권력이 어디로 가는지 묻고 싶습니다.
집중된 권력의 분산은 지방에게 그리고 국민에게 권력 되돌려주기로 이어져야 합니다.

자유한국당은 제왕적 대통령을 배출한 정당이면서도 뻔뻔했다. 제왕적 대통령제가 폐단이 많다면서 '이원집정부제' 같은 걸 주장했다. 결국 국회 권한을 강화하자는 소리다. 도둑이 도둑질은 나쁜 것이라고 하면 반성하는 말이 되지만, 정권 뺏긴 자유한국당이 제왕적 대통령제가 나쁘다고 하면 그건 반성 없는 말이 되어버린다. 국회 권한을 강화해야 한다는 말은 결국 자기들이 권력을 더 누리겠다는 말이니 도둑 심보다. 그러면서도 김성태 원내대표는 지방선거와 개헌 동시투표는 투표수가 너무 많아져서 안 된다고 했다. 고령자를 생각해야 한다는 것이다. 노회찬 의원이 미국 투표용지를 보여준 이유다.

노회찬 의원의 말대로 "대한민국 국민이 더 작은 권력을 가져야 할 이유는 없다". 유권자가 가져야 할 힘은 많다. 그 가운데는 국민발안제, 국민소환제 같은 것들이 있다. 한국 민주주의는 진화하고 있다. 빠르지 않다는 게 유감이지만.

열여섯에 만세운동을 주도한 유관순은 열여덟에 옥사했다. 열여섯에 만세운동에 나선 유관순 열사를 높이 받드는 사람 일수록 열여섯은커녕 열여덟에 선거권 행사하는 것도 결사반 대한다.

°2004년 3월 1일 '난중일기'.[19]

학제가 변경될 때까지 대한독립만세 외치는 걸 참았어야 합 니까? 새누리당 인명진 비대위원장의 이야기는 유관순 열사 도 한 3년 정도 참았어야 했다, 대한독립만세를 1919년에 외 칠 게 아니라 1922년에 만 19세를 넘긴 다음에 외쳤어야 했 다, 이 얘기와 다를 바 없는 것 아니겠습니까?

°2017년 1월 19일 18세 선거권 국민연대 출범식 축사.[20]

저는 16세 참정권을 진심으로 지지합니다. 그걸 반대하는 순 간 유관순 열사를 불량 소녀로 낙인찍게 되는 셈입니다. 저는 17세 때 유신 반대를 외치면서 유인물을 만들고 뿌렸던 사람 입니다. 그때 '우리미래'가 있었다면 '우리미래'에 입당했을 겁 니다.

°2017년 3월 5일 '우리미래' 창당대회 축사.

특정 뉴스를 넣어라, 빼라, 주로 '빼라'겠죠. 빼라고 애기하는 것은 업무 협조와 관련된 행위이고, 이런 업무 협조는 지금 청와대 홍보수석도 하고 있는 일이다, 이렇게 알고 있으면 되는 겁니까? 이게 통상적인 업무 협조 행위입니까? 그럼, 이걸 지시한 대통령의 행위는 통상적인 통치 행위입니까?

°2016년 7월 1일 국회 운영위원회 대통령 비서실 업무보고.
이정현 전 청와대 홍보수석의 행위는 방송법 위반이라는 점을 지적하며.

민주노동당은 민생 투어를 하지 않는다. 왜냐하면 민주노동당에게 민생 현장은 바로 고향이고 또 삶의 현주소이기 때문이다. 자기 고향을 '여행'하고, 자기 마을을 '관광'하며, 자기 집을 '견학'하는 사람은 없다. '민생 투어'를 한다는 것은 '민생 현장'이 바로 남의 고향이고, 다른 사람들의 마을이며, 남의 집안일이기 때문이다.

°2004년 3월 27일 '난중일기'.[21]

아버지한테 맞으면서 〈어버이 은혜〉를 부를 수는 없는 것처럼 말이다.

°구영식 기자와의 인터뷰.
민주화운동 초반에 집회 시작하면서
애국가를 부른다는 것이 좀 이상했다는 점을 말하며.[22]

# 일종의 동정표고,
# 정확히 애기하면 동병상련표죠

2018년 5월 23일
〈tbs〉 '김어준의 뉴스공장'

병원에 가보면 세상에 아픈 사람이 그렇게 많다. 몇 년 동안 큰 병원에 갈 일이 잦았다. 아버지가 아프시다. 그냥 봐서는 전혀 아픈 사람 같지 않고, 그 병에 걸린 사람 중에서는 가장 몸 상태가 좋다. 낙관의 힘이 얼마나 강력한지 새삼 깨닫는다.

다른 환자들을 만나면 동병상련을 느낀다. 나는 당사자가 아닌데도 그렇다. 네이버 국어사전에는 '동병상련'의 뜻이 이렇게 나와 있다.

동병상련
같은 병을 앓는 사람끼리 가엾게 여긴다.

비슷한 처지의 다른 사람과 서로 안타까워하고 돕는다는 건 좋은 일이다. 남들이 보기에도 충분히 공감 가는 일이다. 응원하기 마련이다.

동병상련이 오용 혹은 남용되는 경우도 있다. 오남용은 안 좋다. 약물 오남용도 그렇고 권력 오남용도 그렇다. 동병상련이 오남용되는 경우, 내가 보기에 그럴 때는 다른 용어를 써야 할 것 같은데, 당장 떠오르는 건 '의리'다. 조폭의 의리.

**김어준** 체포동의안이 부결됐어요. 범 여당이라고 하죠. 이쪽 진영의 표도 대략 20여 표 이상은 빠져나간 게 아니냐 (싶은데요). 홍문종, 염동열 의원에 관한 검찰의 기소 내용이 대단히 구체적이어서 체포동의안에 협조할 것 같았는데, 여기에 반대표를 던진 사람들의 심리는 무엇일까요? 어떻게 보십니까?

**노회찬** 일종의 동정표고, 정확히 얘기하면 동병상련표죠. 특히 염동열 의원 같은 경우에는 반대표가 더 많이 나왔어요, 여당으로부터도. 정확하게 얘기하면 부정 청탁입니다. 부정 청탁인데, 이게 위법일지 몰라도 '저 정도는 지역구에서 민원이 들어오면 어쩔 수 없이 해야 되는 것 아니냐' 하는 그런 생각….

홍문종, 염동열 의원 체포동의안에 반대표를 던진 자유한국당 소속이 아닌 국회의원들이 한 20명쯤 됐다. 같은 인터뷰 말미에서 노회찬 의원은 이렇게도 말했다.

**김어준**  그거는 이렇게 이해하시면 된답니다, 대표님 말씀으로는.
동병상련인 사람이 그 내부에 한 20여 명 있던 것이다, 그런 것
이고….
**노회찬**  같은 병을 앓고 있는 사람이죠.

같은 병을 앓고 있는 사람이 많으니 단호한 처방이 필요하다. 정의
당은 며칠 뒤 국회법 개정안을 발의했다. 이정미 대표가 대표 발의한
법안의 요지는 '국회의원 체포동의안 투표는 기명'으로 하자는 것이
다. 일명 '염동열·홍문종방지법'이다.

# 다른 정당과 협치를 해야 하는데
# 전경련과 협치를 하고 있는 거죠

2017년 6월 6일
〈tbs〉 '김어준의 뉴스공장'

협치란 협량한 정치가 아닙니다. 협박 정치는 더더욱 아닙니다. 상대가 망해야 내가 사는 것은 전쟁이지 정치가 아닙니다. 정치의 눈에 국민이 가득하지 않으면 국민의 눈에 피눈물이 가득해집니다.[23]

협치는 말 그대로라면 협력하는 정치다. 그러나 한국처럼 무한대로 갈등하는 양당제에서는 협치의 여지가 별로 없다. 늘 치고받고 싸운다. 이러면 국회가 제 기능을 하지 못한다. 국민 눈에 피눈물이 가득해질 수밖에 없다.

물론 그 양당이 비슷해질 때가 많다. 담합이다. 엄청 싸우다가도 서로 '쿵짝'이 맞을 때는 100년 친구 같다. 협치를 전혀 다른 의미로 쓰고 있는 당이 있다는 사실을 밝혀낸 건 노회찬 의원이다. 알고 보면 노회찬 의원이 찾아낸 이 '협치'야말로 한국 정치를 이끌어온 견인차였다.

국회를 이루고 있는 다른 정당과 협치를 해야 하는데 전경련과 협치를 하고 있는 거죠.
자유한국당에게 재벌은 오랜 고객 아닙니까? 주요 고객 아닙니까? 그리고 또 이 두 집단이 하나는 경제권력이고 하나는 정치권력인데 오랫동안 협치를 해온 거 아니에요? 이 협치를 학술용어로 '정경유착'이라 부르죠.

협치를 너무 몰두해서 하다 보니 박근혜·최순실 국정농단도 생긴 것이다. 노회찬 의원의 말을 듣고 보니 분명해진다. 우리에게는 노동자, 서민과 협치하는 정당이 확실히 필요하다.

———

나를 기소하고 싶은가? 기소하고 싶으면 그렇게 하라.
다시 또 이런 상황에 처한다 하더라도 나의 행동은 똑같을 수밖에 없다.
°2005년 8월 18일 삼성 X파일 떡값 검사 명단 공개 당시.

# 물 먹인 소고기를 공급하는 것하고
# 뭐가 다릅니까?

2018년 5월 28일
국회 법제사법위원회

내가 진보정당에서 서울 구로지역위원회 위원장으로 한참 일할 때였다. 지역의 많은 노동자를 만났다. 학교급식 조리 노동자, 요양보호사, 방문간호사, 하천 유지관리 노동자, 인터넷 설치 노동자, 택배 노동자 등 지역 사회를 살아 움직이게 하는 이들이었다. 정당 활동가로서 유권자를 만나는 건 중요하다. 유권자의 이름은 때론 노동자이고, 어떤 때는 소비자이기도 하다. 나는 노동자로서의 유권자를 만나는 데 한동안 진력했다.

"너무 힘이 듭니다. 월급은 최저임금 딱 맞춰주는데, 24시간 맞교대에, 얼마나 갈지 모르겠어요."

이야기를 듣고, 노무사를 섭외해 함께 상담을 했다. 노동조건을 개선하기 위해 이런저런 의논을 했는데, 그날 결론이 '노동조합을 만들기'로 났다. 자주 있는 일은 아니다. 그런데 찾아온 분 혼자서 노조를 만드는 건 불가능하다. 함께 상담에 참여했던 민주노총 활동가가 말했다.

"직장에서 노조 만드는 데 동의하시는 두 분만 더 데려오세요. 그럼, 시작할 수 있을 것 같습니다."

일 년 만이었다. 그때 상담을 했던 노동자가 '두 분'을 데리고 다시 찾아왔던 게. 눈물이 핑 돌았다. 최저임금만 확실히 인상되면 조금 덜 고될 텐데 싶었다. 최저임금이 모든 문제의 답은 아니지만, 최저임금조차 노동자의 삶을 떠받치지 못하면, 모든 노동자는 모든 사업장에서 다 개별적으로 싸워야 한다. 그렇게 되면 주민이면서 노동자인 분들이 가장 힘들어진다. 흔한 말로 '별로 안 좋은 직장'에 다니는 분들이다. 내가 다니는 직장이 구로구에도 있고, 관악구에도 있고, 영등포구에도 있다면 직장 선택의 기준은 무엇일까? 차비가 덜 드는 곳이다. 이들 노동자의 직장과 집이 가까운 이유다. 그래서 이분들은 노동자이면서 정당 지역위원장 입장에서는 조금 더 반가울 수밖에 없는 지역 유권자일 가능성이 크다.

나는 한때 이분들을 '주민노동자'라며 혼자 개념을 만들어 불렀다. 여기저기 글을 쓰기도 했다. 이주민이면서 노동자인 사람을 이주노동자라 부르듯 말이다. 이주노동자는 노동자의 고충과 이주민의 고충을 함께 겪는다. 마찬가지로 주민노동자에게는 노동자로서의 어려움과

주민으로서의 어려움이 겹친다. 진보정당 지역위원장은 노동자 문제에 관심이 많은 당에서 지역 주민을 만나는 역할을 하는 사람이다. 주민노동자는 내가 만나야 할 바로 그 사람들이었다.

그런데 이분들이 '사장'님과 갈등을 감수하면서까지 노동조합을 만드는 건 거의 불가능에 가깝다. 매일 얼굴을 보는 사이니까. 임금투쟁을 하면서 얼굴 붉히고 월급 몇 푼 올렸다 해도 그다음부터는 인간관계가 엉망이 되어 더이상 일할 수 없게 되는 경우가 많다. 이분들은 그래서 임금을 높이기 위해 임금협상을 하지 않고 그냥 직장을 옮긴다. 돈 더 많이 주는 곳으로. 그러니 국가가 할 일은 임금을 높이는 노력을 대신 해주는 것이다. 최저임금 1만 원 공약에 기대를 했던 이유다.

2020년 최저임금이 8590원으로 결정되고 나서 청와대 김상조 정책실장이 대통령의 사과를 전했다.

"3년 내 최저임금 1만 원 공약을 달성할 수 없게 됐다. 어찌 됐건 대통령으로서 대국민 약속을 지키지 못하게 된 것을 매우 안타깝고 송구스럽게 생각한다."

그렇지 않아도 최저임금 산입범위가 확대되어 실질적으로는 최저임금이 깎인 사람들이 많다. 애당초 최저임금을 계산할 때 집어넣지 않는 임금 항목 몇 가지를 집어넣기로 한 것이니 그럴 수밖에 없다.

일단 이 법이 최저임금법의 목적과 취지에 위배되고 있습니다. 실질적으로 최저임금 인하를 만들어내는 법입니다. 소고기를 값싸게 공급하겠다고 공약해놓고 결국에는 소에다 물을 먹여가지고 중량을 대폭 늘린 다음에 그 물 먹인 소고기를 공급하는 것하고 뭐가 다릅니까?

국회 법사위 회의에서 노회찬 의원은 신랄하게 법안을 비판했다. 최저임금을 받는 노동자들이 비싼 소고기 먹을 일은 별로 없지만 적절한 비판이었다.

다른 라디오 프로그램에 나와서는 이렇게도 말했다.[24]

실제로 키는 안 컸는데 구두 때문에 키가 큰 것처럼 보이는 거죠.

대통령의 약속은 지켜지지 않았다. 2020년의 최저임금은 2019년과 비교하면 경제성장률, 물가상승률을 감안했을 때 실제로는 마이너스란 지적이 많다. 분명 소득주도성장이라 그랬는데.

---

제가 있는 의원회관 5층을 청소하는 청소 노동자 중 한 분에게 여쭤보니 새벽 6시에서 오후 4시까지 일하면서 약 130만 원가량의 월급을 받는다고 합니다. 주말에 특근까지 해야만

140만 원 조금 넘는 액수를 수령할 뿐입니다. 국회의원 세비를 반으로 줄이더라도 우리나라 노동자 평균 임금의 세 배, 최저임금의 다섯 배 가까운 액수입니다. 같이 삽시다. 그리고 같이 잘 삽시다.

°2016년 7월 4일 원내 비교섭단체 대표 연설.

타이타닉이 물에 빠졌을 때는 약자부터 구했죠. 그런데 세월호는 강자부터 탈출했어요. 두 개의 극단적인 다른 방안이 있는데, 지금 정부에서는 약자를 우선 희생시키는 방법을 쓰고 있어요. 선장부터 먼저 살리는 것을 법제화하겠다는 거죠.

°2015년 11월 23일 '노유진의 정치카페'.
박근혜 정부가 언제든지 정리해고가 가능하도록
노동법을 바꾸려 하는 것을 두고.

이렇게 되면 2차 분배의 가랑이가 찢어집니다. 지속가능한 복지를 위해서도 1차 분배에 대한 노력이 절실합니다.

°'노유진의 정치카페·저도 나라에서 주는 용돈 받을 수 있나요'.
복지는 1차 분배이므로 1차 분배에서 개선할 점은 개선해야 한다,
예를 들어 최저임금을 올려야 한다는 점을 강조하면서.[25]

제일 나쁜 의사는 병 주고 약 주는 의사예요. 병 자체를 줄인 뒤에 필요한 환자에게 약을 공짜로 주든 두 배로 주든 해야죠. 일단 더 많은 복지만 약속하면 가짜일 가능성이 매우 높아

요. 좋은 노동, 제대로 된 고용과 함께 복지를 이야기할 때 건강한 해법이 나올 수 있습니다.

○ '노유진의 정치카페·저도 나라에서 주는 용돈 받을 수 있나요'.
한 손으로 고용정책을 망치고, 다른 손으로
복지를 늘리겠다고 하는 건 지켜질 수 없는 약속이라면서.[26]

급식할 때도 밑반찬이나 김치 같은 건 자기 양껏 가져가는데,
생선 같은 것은 한 마리씩 따로 주잖아요.

○ '노유진의 정치카페·인간이 이기적인 건 당연한 건가'.
"과거 수렵·채집 시절에 나무 열매 같은 건 가족끼리만 나눠 먹었다.
그러나 고기는 집단에 속한 모든 가족이 나눠 먹었다.
왜냐하면 고기는 쉽게 얻을 수 없고,
한 번 사냥에 성공해도 남는 건 버릴 수밖에 없었기 때문이다.
따라서 나눠 먹는 게 집단 전체에 이익이었고,
그래서 '분배'가 필요했다"는 설명을 듣고.[27]

밥을 안 주면 세금을 안 내요, 세금을 얼마라도 받기 위해서
는 밥을 줘야 해요, 그렇게 말해야지. 대기업에게 세금 받으려
고 밥 준다고.

○ '노유진의 정치카페·인간이 이기적인 건 당연한 건가'.
무상급식 논쟁에 대해.[28]

프랑스 노동자는 해고되면 침대에서 뛰어내리는 정도라면,
한국에서는 해고되면 2층 옥상에서 뛰어내린다는 것입니다.

그러니까 안 뛰어내리려고, 해고 안 당하려고 굴뚝에 올라간 다는 겁니다.

왜 목숨 거느냐, 나가면 죽으니까 안 죽으려고 목숨 건다는 거죠.

°홍기빈과의 인터뷰.
한국 노동자의 '과격성'에 대해.[29]

_____

(프랑스 학생들이 비정규 관련 법안에 반대하는 시위를 할 때) 그때 쏟아져나온 말 중에 "처음에는 쓰고 버릴 수 있는 손수건이 있었다. 지금은 쓰고 버릴 수 있는 청년들이 있다"는 말이 있어요. 한국의 20대도 이 일회용 손수건이 되어가는데….

°한윤형과의 인터뷰.[30]

_____

공권력을 투입해서라도 물과 음식물을 회사 안으로 반입해야 합니다. 원래 공권력은 이럴 때 쓰라고 존재하는 것입니다.

°2009년 7월 30일 트위터.
쌍용자동차 파업 당시.[31]

_____

일자리 지키겠다는 노동자가 무장공비입니까?

°2009년 8월 4일
쌍용자동차 파업 노동자를 공격하는 대통령에 대해.

# 한국 땅 다 팔면
# 미국 땅 반을 삽니다

2017년 7월 2일
〈시사IN〉 '인터뷰쇼'

자기 집 없는 사람이 절반이다. 자기 집이 있는 사람 중에도 다수는 은행과 공동 소유다. 오래되고 이상한 공유경제. 시간이 지날수록 가치가 올라가는 독특한 상품 부동산. 중고차든, 중고서적이든, 중고냉장고든 다 싼 값에 팔리지만 중고집만 더 비싼 값에 팔린다.

아파트 관리비에는 장기수선충당금이라는 게 들어간다. 시간이 지나면서 아파트가 낡는 것에 대비해 걷는 돈이다. 오래되면 가치가 떨어진다는 걸 자인하는 항목이다. 그런데도 '부동산 불패신화'다. 단군신화, 2002년 월드컵 4강 신화 등 들어본 신화 중 내가 아는 가장 끔찍한 신화다.

(부동산으로 돈 버는 것은) 우리나라에 결코 바람직하지 않습니다. 우리가 지금 부동산 가격이 비정상적으로 높아요. 한국 땅 다 팔면 미국 땅 반을 삽니다. 그렇다고 문재인 대통령이 트럼프 만나서 요즘 시세가 이렇습니다, 그래서 한국 땅 다 줄 테니 미국 땅 반 주세요, 이렇게 교환이 안 됩니다. 결국 한국 부동산 가격이 높아져서 손해 보는 건 한국에 사는 사람들입니다.

땅값이 오른다고 국격이 높아지지 않는다. 국격이 국토 가격이라면 몰라도. 이런 세상을 만든 건 정치권력이다. 정부가 밀어붙였고, 국회가 관련 법안을 통과시켰다. 노회찬 의원이 이런 말을 하는 건 당연하다.

용산의 비극은 용산구 한강로 2가 남일당 건물에서가 아니라 바로 여의도 국회의사당에서 시작된 것입니다.[32]

끔찍한 부동산 불패신화의 나라에서 언제나 패배하는 건 집 없는 서민들이다.

———

그 계획을 제가 현지에 가서 들여다보니까 뉴타운이라는 이름 아래 9평에서 13평까지, 13평 미만이 50퍼센트가 넘는 그런 '뉴슬럼가'를 만드는 끔찍한 계획이 추진 중이어서 지역구민 다수가 반대하고 있습니다.

°2008년 3월 24일 〈대자보〉 인터뷰.

# 불 안 난다고
# 소방관들 월급 안 줍니까?

2014년 1월 1일
〈JTBC〉 '뉴스9' 특집토론

**전원책** 하루에 15명 이용하는 역에 직원이 17명입니다. (중략) 문제 있지 않습니까?

**노회찬** 철로 보수하는 사람들이에요. 불 안 난다고 소방관들 월급 안 줍니까? 달걀 안 나온다고 닭한테 모이 안 줘요?

전원책의 주장은 딱 사장님 논리다. 세상에는 사장님만 사는 게 아니니, 사장님 논리만 가지고 있는 사람은 딱 그 정도 발언권만 가져야 한다. 내 마음은 그렇다.

'손님도 없는 역'을 구조조정하자는 주장은 전형적인 '공기업 민영화' 논리이기도 하다. 기업은 돈 버는 게 목적인 조직이다. 그러니 돈

벌고 싶은 개인이 알아서 만들면 된다. 그런데 사기업이 아니라 공기업이라니.

이름에 '공'자가 들어가는 게 중요하다. 이는 돈 버는 것 말고 다른 목적도 있다는 뜻이다. 사람이 살면서 당연히 필요한 것들이 있다. 금수저든 흙수저든 마땅히 누려야 할 것들, 예를 들면 맑은 공기, 깨끗한 물 같은 것들. 전기, 수도, 가스, 교통, 통신, 교육, 육아도 마찬가지다. 부자는 금테 두른 전기를 쓰고, 우리 옆집은 흙 묻은 전기를 사용하는 게 아니다. 대한항공 총수 일가의 아이들은 다이아몬드 박힌 교육을 받고, 인천공항 비정규직의 아이들은 먼지 나는 교육을 받아야 하는 것도 아니다. 그래서 공기업을 운영하는 것이다. 누구나 비교적 저렴한 가격에 삶에 필요한 기본 서비스를 누릴 수 있게 하자는 것. 아름다운 정신 아닌가.

돈벌이에 혈안이 된 사람들은 공기업을 그냥 두지 않았다. '공기업 민영화' 논리가 이때 등장한다. 기차역에 손님이 많지 않아도 동네마다 기차역이 있어야 주민들의 교통 접근성이 떨어지지 않는다. 동네에 사람이 적게 산다고 동네에 산소 농도를 낮출 이유가 없다면 공공서비스도 줄일 이유가 없다.

공기업을 민간에 파는 건 국공립 어린이집을 없애고 사립 어린이집을 늘리는 것과 비슷한 일이고, 공교육을 없애고 사교육만 받으라는 것과도 유사한 행위다. 결국 요금은 오르고, 서비스의 질은 떨어진다. 공기업을 사는 민간기업들이야 돈만 벌면 그만이니까.

애초에 대한민국은 공적인 기관이나 공기업이 너무 적다. 의료 분야의 경우 OECD 국가들 중에는 공공병원이 70퍼센트가 넘는 곳들도 있는데, 우리는 10퍼센트가 안 된다. 대학도 등록금이 저렴한 국립대학보다 사립대학이 훨씬 많다. 언론은 공공방송이 있긴 하지만 유명무실하다. 또 공공주택보다 민간주택이 압도적으로 많다. 대한민국은 공공적 국가인가, 사적 국가인가.

아침에 자기 집이 아닌 남의 집에서 눈을 뜨는 국민이 전체 국민의 절반입니다. 지금 대학 졸업한 청년 10명 중 3명은 내일 아침 출근할 직장이 없습니다. 내일 지하철 타고, 버스 타고 출근하는, 자가용 몰고 출근하는 분들 중 절반은 정규직이 아닌 비정규직으로 직장에 출근하고 있습니다. 아침이 기다려지지 않는 대한민국, 이게 오늘의 모습입니다.

°2017년 4월 9일 〈KBS〉 '일요토론'.

일본 같은 경우에는 실핏줄까지 있다면 우리는 대동맥, 정맥까지밖에 없는 그런 철도예요.

°2014년 1월 1일 〈JTBC〉 '뉴스9' 특집토론.

가정 형편이 어렵고 가계 부채가 많은데, 대기업 다니는 큰아들을 갖다가 분가시켜서 두 집 살림 하겠다, 그리고 학비도 필요한 학교 다니는 애들을 갖다가 비정규직인 둘째아들이 맡아라, 하는 건 말이 안 되는 거죠.

°2014년 1월 1일 〈JTBC〉 '뉴스9' 특집토론. 수서발 KTX 민영화와 관련해.

# 지금 우리나라 상인들은 동물보호법의 동물만큼도 보호를 받지 못하고 있어요

2018년 3월 22일
한국중소상인자영업자총연합회 출범 축사

노회찬 의원이 중소상인단체에서 자영업자들의 절박한 상황을 묘사했다.

중산층 몰락의 현장이 바로 지금 자영업의 모습입니다.

실패로부터 교훈을 얻는 사람은 부자들뿐이라고 한다. 계속 실패해도 괜찮을 만큼 돈이 있으니까. 가난한 사람들은 한 번 실패로 끝이다. 인문계 학생은 문학과 역사, 철학을 공부하다 졸업 후 치킨집을 차리고, 자연계 학생은 창업해 망한 뒤 치킨집을 차린다는 속설은 청년들의 유력한 전망에 속한다.

동물보호법 중 맹견을 기르는 사람은 맹견을 데리고 길에 나설 때 반드시 목줄을 하고 다녀야 합니다. 그뿐 아니라 맹견의 종류까지 명시되어 있는데, 그 맹견을 기르는 사람들은 맹견에 입마개도 씌워야 합니다. 그래야 맹견도 보호되고 맹견으로부터 다른 동물도 보호되기 때문입니다.

맹견이 누구일까. 짐작하는 대로다. 노회찬 의원은 그런데 상인들은 전혀 보호받지 못하고 있다고 말했다.

지금 우리나라 상인들은 동물보호법의 동물만큼도 보호를 받지 못하고 있어요.

이 이야기를 들으며, 희한하게도 학창 시절 생각이 났다. 고등학교 때 일이다. 과학시간에 닭 해부 실험을 했다. 우리 학교에는 씨름부가 있어서 닭 해부 실험을 자주 했던 걸로 기억한다. 편견일지도 모른다. 3~4명이 한 조를 이루고 닭 한 마리씩을 가져오게 했다. 해부 전에 약물을 투입해 죽여야 하는데, 선생님께서 빈 주사기를 주셨다.

"이걸로 죽이고 와."

나는 빈 주사기를 들고 건물 밖으로 나와 조금 덜덜 떨었다. 주사기로 닭의 머리를 한두 번 콕콕 찔러봤다. 용기가 없어 1밀리미터도 들어가지 않았다. 시간이 흐른다. 선생님의 재촉 소리가 들렸고, 곳곳에서 닭을 죽이는 데 성공한 학생들이 환호를 지르며 과학실로 들어갔다. 왜 이렇게 안 죽지. 나는 닭의 목 부분을 잡고, 몸뚱아리를 땅바닥에 서너 번 내리쳤다. 믿기지 않는 일이 벌어졌다. 닭 목이 쑥 빠졌다. 내 손엔 닭 목이 들려 있었고, '나머지 닭'은 건물 앞마당을 막 뛰어다녔다. 그땐 정신이 없었고 나중엔 재밌는 추억이었는데, 지금은 끔찍한 기억이다.

위디스크의 양진호 회장은 더했다. 맹견이 따로 없었다. 회사 직원들에게 칼과 활을 주며 "닭을 죽이라"고 했다. 그 닭은 진짜 닭이기도 했고 노동자이기도 했다. 어쩌면 자영업자다. 맹견에게 입마개를 채우기 위해 노회찬 의원은 유통산업발전법 개정안, 상가임대차보호법 개정안, 여신전문금융업법 개정안을 제출했다.

---

동물은 수탈을 해도 배가 부르면 더이상 수탈하지 않는데, 인간은 제 배가 불러도 한없이 수탈합니다. 그런데 그때의 인간은 인간이 아니라 자본이죠. 자본이 그렇게 작동을 하는 것이죠.

°홍기빈과의 인터뷰.
인간에 대해 이야기하던 중.[33]

## 069 • 경제개혁

# 저는 우리 국민 평균수명이
# 몇 개월 떨어졌다고
# 생각하는 사람입니다

2018년 2월 21일
국회 법제사법위원회

2018년 2월 삼성 이재용 회장에 대한 항소심 선고는 국민이 납득할 수 없는 것이었다. 이재용은 경영권 승계를 위해 박근혜 대통령 측에 부정한 청탁을 했고, 뇌물을 줬다. 박근혜 씨 재판부는 이 점을 모두 인정했다. 그런데 이재용 재판부는 경영권 승계 작업을 인정하지 않았다. 뇌물로 인정한 액수도 대폭 줄였다.

**노회찬** 법원행정처장님께 묻겠습니다. (중략) 적절하다고 보십니까? 항소심 재판에서 형량이?

**법원행정처장** 현재 진행 중인 재판이기 때문에 이 자리에서 말씀드리기는 어렵습니다.

**노회찬**　지금 많은 국민이 정신적으로 굉장히 충격을 받고 있어요. 저는 우리 국민 평균수명이 몇 개월 떨어졌다고 생각하는 사람입니다.

"삼성이 하면 다릅니다."

예전에 텔레비전에 한참 나왔던 광고다. 대한민국이 삼성민국이라는 건 알 만한 사람은 다 안다. 그러니 삼성이 하면 다르다. 대통령보다 삼성이 더 세다는 걸 재판부가 확실히 보여줬다.

"또 하나의 가족, 삼성."

역시 텔레비전 광고였다. 그걸 볼 때마다 나는 삼성을 가족으로 둔 적이 없다고 생각했다. 그냥 우리 가족끼리만 오순도순 잘 지내고 싶을 뿐이었다. 삼성까지 새로운 가족으로 삼고 싶지 않았다. 최순실의 확실한 '가족'이었던 삼성은 '삼성물산·제일모직' 합병 비율 조작 과정에서 무려 2~3조 6000억 원의 이득을 부당하게 챙겼다는 의혹을 받고 있다. 이 과정에서 국민연금공단이 입은 손실액은 3000~6000억가량으로 추정된다. 내 노후자금을 이재용 배 불리는 데 쓴 셈이다. 이러면 가족이라도 가만 안 둔다.

집에서 키우는 고양이는 길고양이보다 수명이 길다고 한다. 길고양이는 수명이 2~3년인 반면, 집고양이는 15년을 산단다. 최근에 아빠와 엄마를 겨우 설득해서 고양이를 집에서 키우는 데 성공한 우리 아이의 주장이다. 보니까 그럴 것 같다. 집고양이는 응접실 쇼파나 거실

바닥에서, 안방 방문 앞에서 주로 널브러져 있다. 쾌적한 환경에 스트레스가 없으니 수명이 느는 게 이상해 보이지 않는다. 고양이가 팔자는 개팔자다.

대신 고양이가 아이 정서에 도움이 된다. 스마트폰 대신 고양이를 쳐다보고, 게임을 하는 대신 고양이와 논다. 고양이 덕에 집 분위기가 좋아졌다. 또 하나의 가족이다.

"내가 너 때문에 늙는다."

가끔 이런 말 듣는 가족이 있을 순 있다. 국민에게는 삼성이 그런 가족이다. 노화를 억제하지는 못할망정 국민을 늙게 한다. 노회찬 의원의 말대로 많은 국민이 정신적으로 큰 충격을 받았다. 대한민국에서 가족이 될 수 있는 존재 가운데는 삼성도 있고, 고양이도 있지만, 나는 고양이다.

---

출석 요구 받을 때마다 해외 출장 일정이 잡히는 일종의 자동 동기화, 싱크로나이즈드 현상이 발생하고 있다.
°2012년 11월 6일 '난중일기'.
정무위에서 열기로 한 청문회에
신동빈 롯데그룹 회장, 정지선 현대백화점그룹 회장,
정용진 신세계그룹 부회장, 정유경 신세계 부사장 등이
거듭 불출석하고 있는 점을 비판하며.

청문회 하려고 국회에서 국민이 부르는데 해외로 나가 있어
라, 하는 전경련과 경총의 입장은 마치 불법업소 단속 나가니
까 셔터 내리고 도망가라, 하는 것과 같습니다.

°2011년 8월 5일 〈SBS〉 '시사토론'.

경제민주화란 재벌과 대자본을 헌법과 법률 아래 무릎 꿇게
만드는 일이다. 헌법과 법률을 지켜야 헌법과 법률의 보호를
받을 수 있다는 사실을 분명히 하는 일이다. 서방파, 양은이
파만 조폭이 아니다. 자신의 힘으로 타인을 짓밟고, 자신의 이
익을 위해 탈법·불법을 무시로 일삼는 모든 조직화된 폭력이
조폭이다.

°2012년 11월 6일 '난중일기'.
재벌그룹 회장의 불출석을 비판하며 덧붙였다.

3·1운동이 일제 때문에 일어났지 유관순 때문에 일어났나.

°2011년 8월 24일 〈시사IN〉 인터뷰.
한진중공업 정리해고 관련 조남호 회장 청문회에
한나라당이 자꾸 김진숙 지도위원이 나와야 한다고
주장하는 것을 비판하며.[34]

법으로 통하지 않으니까 주먹 쓰겠다는 얘기와 똑같은 거죠.

°2011년 6월 한진중공업 노사 충돌 관련 텔레비전 토론.
김영배 한국경영자총협회 상임부회장이
"노동자들이 강압적이고 물리적인 행동을 하지 않으면
돈 들여가며 용역 쓸 이유가 없다"고 하자,
노동자들이 불법행위를 하면 사법적으로 처리하면 되는 것이라며
김영배 부회장의 논리를 비판했다. 원래 법을 안 지키면
폭력을 사용하는 것이 아니라 법적으로 죄를 물으면 된다는 의미.

용역 대신 노동자 월급 주면 안 됩니까?

°2011년 8월 5일 〈SBS〉 '시사토론'.
한진중공업 사태와 희망버스 논란에 대해 이야기하던 중.

큰돈 빌린 건 국민 세금으로 갚아주고, 국민이 먹고살기 힘들
어서 빌린 소액은 끝까지 갚아야 되고 그런 거죠.

°2015년 9월 15일 '노유진의 정치카페'.
채권추심의 심각성에 대해 이야기하다가 진중권 교수가
은행들에 준 공적자금도 추심해야 되는 것 아니냐고 말하자.

아버지가 타던 자전거를 아들이 탈 수도 있어요. 하지만 아버
지가 몰던 비행기를 아들이 몰기는 힘들잖아요.

°'노유진의 정치카페·왜 우리는 작은 권력에만 분노하는가'.
대기업은 그에 걸맞은 능력을 가진 전문경영인이 운영해야지
자식들에게 물려주는 건 위험하다는 이야기를 하며.[35]

정부와 재벌이, 대통령과 재벌총수가 직접, 어찌 보면 담합해

가지고 주고받는 그런 정경유착, 과거의 정경유착보다 훨씬 더 직접적이고 주고받는 금액의 액수가 큰, 그런 정경유착이 이명박 정권 아래서 쉬는 날 없이, 빨간 날도 없이 계속되어왔어요. 정경유착에는 공휴일이 없습니다.

°2018년 2월 27일 〈tbs〉 '장윤선의 이슈파이터'.

# 이 두 회사는 21세기가 아니에요,
# 5공화국이에요

2018년 7월 11일
⟨tbs⟩ '김어준의 뉴스공장'

**김어준** 특히 항공사들 관련한 갑질 관련 사건이 많지 않습니까?

**노회찬** 항공사가 우리 국민에게는 항공서비스를 제공하는 회사로 보이지만 그 내부에서는 기수문화라든가 군대식 상명하복 문화라든가 이런 것들이 강요되어온 바들이 크고, 또 대기업 내에서 오너의 횡포, 갑질에 대해서 옛날 봉건시대처럼 복종하는 그런 문화가 큽니다. 특히나 이 두 회사는 노조가 제대로 기능을 못해요. 노조를 워낙에 억압을 하다 보니까 문제가 있을 때, 기쁨조에게 노래시킨다거나 이런 문제가 있을 때 정당하게 문제를 제기하고 회사 내에서 소통 과정에서 해결되는….

**김어준** 내부적으로 해결됐어야 할 일들이.

4장                                              256

**노회찬** 그러니까 이분들이 회사 안에서 해결이 안 되니까 거리로 뛰쳐 나와서 시민들에게 호소하고, 보복 우려가 있으니까 마스크를 쓰고, 가면을 쓰고 얘기해야 하는 그런 상황이, 이 두 회사는 21세기가 아니에요, 5공화국이에요.

사실 회사라는 조직이 그렇다. 사회와 회사는 단어만 반대가 아니라 실체도 반대다. 사회는 시장경제인데, 회사는 계획경제다. 계획과 통제 없는 경제체제를 지향하는 사회에서, 주된 참여자인 회사는 철저한 계획과 통제 아래 움직인다. 자본주의 사회는 계획경제를 하는 조직들이 모인 계획 없는 경제다.

현대사회는 자유를 권장하지만, 회사는 일사분란을 추구한다. 사회는 검찰과 군대 같은 조직을 두고 독특한 문화를 가졌다고 평가한다. 옛날에는 학교도 그랬다. 실제로는 회사도 그렇다. 그래서 자유로운 분위기의 회사는 신문에 난다. 신기한 일이니까. 자유로운 사회에 속한 시민은 평생을 학교와 군대와 직장이라는 테두리에 갇혀 지낸다. 그럼, 언제 시민에게 자유가 있지?

연결된 말인데, 사회는 민주주의지만, 회사는 독재거나 과두제다. 주주총회가 뽑은 이사회가 있으니 그렇지 않다고? 노동자 대표, 지역사회 대표, 하청업체 대표는 경영에 개입하지 못한다. 그러니 백번 양보해도 민주주의라고 보기는 어렵다.

여기에 재벌총수 일가가 합체하면 5공화국 되는 건 시간문제다. 총수 일가의 성격이 좋지 않아서 갑질이 나오기도 하겠지만, 자기가 지배하는 왕국에서 총수 일가가 갑질을 하지 않고 인간성을 유지하는 건 보통 일이 아니겠다 싶기도 하다. 사람이 자리를 만들기도 하지만, 자리가 사람을 만들기도 하니까. 많은 경우에는 후자가 더 진리다.

<hr>

수면 위에 드러난 걸 보면 서로 다른 빙산의 봉우리처럼 보이나, 이 두 사건은 물 밑에서 연결돼 있습니다.

° '노유진의 정치카페 · 왜 우리는 작은 권력에만 분노하는가'.
쌍용자동차 해고 노동자 중 스물여섯 번째 사망자가 나온 일과
대한항공 조현아 씨의 갑질 사건을 두고 노동자가 인간 이하의
처분을 받는 것이라는 점에서는 같다면서.[36]

<hr>

사람과 개가 공존하려면 개를 규제하는 것이 필요하다.

° 구영식 기자와의 인터뷰.
시장에서 강자와 약자가 상생하기 위해서는
규제가 필요하다는 점을 말하면서.[37]

# 대한민국에서 법 앞에
# 만인이 평등한 것이 아니라
# 만 명만 평등한 것 아닙니까?

2004년 10월 14일
국회 법제사법위원회 국정감사

노회찬 의원은 법조인이 다수를 차지하는 법사위 위원을 계속했다. 판검사와 변호사가 2만 5000명, 곧 국민의 0.0005퍼센트인 나라에서 비법조인 출신의 법사위원이 왜 필요한지, 보통 사람을 대변하는 국회의원이 왜 법사위에 있어야 하는지 똑똑히 보여줬다.

대한민국에서 법 앞에 만인이 평등한 것이 아니라 만 명만 평등한 것 아닙니까?

이 말이 노회찬의 현실 인식이었고, 노회찬은 이런 현실을 뛰어넘고자 했다.

부산 숙소에 도착해 가벼운 뒤풀이를 가졌다. "법사위의 국정감사는 홈커밍데이다"라고 말하니 아무도 부정하지 않았다.[38]

판검사 출신 의원들이 포진해 있는 법사위의 국정감사는 법원과 검찰을 상대로 할 때 훈훈함이 최고조에 다다른다. 얼마 전까지 모시던 상관도 있고 동료와 후배들 천지이기 때문이다.

나는 법대 출신이지만 고시공부를 한 적이 없다. 학생운동을 하면서 판검사들은 부당한 권력에 순응하는 사람이라는 인식이 강했기 때문이다. 1992년 이른바 '불온유인물 소지' 혐의로 기소되어 재판을 받았을 때가 잊히지 않는다.

"어, 후배네?"

판사의 말이다. 검사가 씩 웃었다. 유명한 사건도 아니고, 앞서 재판을 받은 사람들은 다 법정을 떠났다. 참관하고 있는 사람이 아무도 없었으니 딱 우리 셋이었다. 판사, 검사, 나. 그리고 느닷없이 형성된 훈훈함.

"뭘, 이런 일을 하고 다녀."

반갑고, 정겹고, 역겨웠다. 생각해줘서 했던 말이었을 것이다. 그런데 그 직전까지 재판을 받던 다른 사람에 대한 태도와 너무 달랐다. 몇 초 전까지는 그저 권위적인 판사님이었다. 그게 그렇게 싫었다. 그러니까 그때도 '홈커밍데이'였다.

대학교 2학년생이 겪었던 그 사소한 경험이 아예 틀리지는 않았던 모양이다. 그런 반가움이 모여 국정감사를 홈커밍데이로 만들고, 전관예우를 만들고, 사법농단을 만든다.

"법사위의 국정감사는 홈커밍데이"라는 말을 한 게 2004년이었다. 그로부터 12년이 지나 노회찬 의원은 국회 본회의장에서 이렇게 말한다.

하지만 전직 부장검사가 전화 두 통으로 서민이 평생 벌어도 못 벌 돈을 벌어들이는 전관예우의 법정에서 과연 법 앞에 만인은 평등합니까? 만 명만 평등할 뿐입니다. 여기에 정의가 어디 있습니까? 오늘날 대한민국 정의의 여신상은 한 손엔 전화기 다른 한 손엔 돈다발을 들고 있을 뿐입니다.[39]

---

그럼, 어떻게 하란 얘기냐. 훔치려면 많이 훔쳐라, 이 얘기 아니에요.

°2012년 1월 10일 '노회찬·조국 북콘서트'. 다음 이야기와 함께. "며칠 전에도 SK 부회장이 구속되었어요. 회장은 불구속기소되었는데, 이분들이 돈을 2000억 원 넘게 횡령했어요. 특히 불구속된 회장은 그중에 139억 원을 자기 용돈으로 썼어요. 그런데 중국집 음식 배달하던 사람이 힘들어서 조금씩 떼어 77만 원을 생활비로 썼어요. 이 사람은 구속돼서 징역 10개월 받았어요."

사법부에 특실이 있어서 되겠습니까?

　°2005년 9월 9일 이용훈 대법원장 후보자 인사청문회.
그때 이런 말도 했다. "병원에 가면 재력에 따라서 5인실 들어가는 사람,
2인실 들어가는 사람, 그다음에 독실, 특실 들어가는 사람 다 다릅니다.
병원은 그럴 수 있다고 봅니다. 그런데 지금 우리 현실은
법 앞에 5인실 있고, 2인실 있고, 1인실 있고, 특실 있습니다."

# 우리나라 대법원에 있는
# 디케상은 칼 안 들고 있어요

2018년 5월 30일
〈tbs〉 '김어준의 뉴스공장'

　미국 '자유의 여신상'은 한 손엔 횃불을, 다른 한 손엔 미국 독립선
언서를 들고 있다. 이 책을 쓰기 전까지는 크게 신경 쓰지 않던 사실
이다. 책을 들고 있었던 것 같은데 무슨 책인지 인터넷을 찾아보고 알
았다.

　'정의의 여신상'도 있다. 한 손엔 저울을, 다른 한 손엔 칼을 들고
있다. 대개 안대로 눈을 가린 모습이다. 대법원장 커리어의 새로운 역
사를 쓴 양승태 전 대법원장 덕에 우리나라 대법원 건물 본관에 있
는 '정의의 여신상'이 어떻게 생겼는지도 알게 됐다. 노회찬 의원의 말
이다.

대법원 건물 본관 출입구로 들어가면 큰 홀이 있어요. 그리고 거기에 이른바 '정의의 여신' 디케상이 있는데, 다른 나라 디케상은 한 손에 칼을 들고 눈은 가리고 있거든요. 우리나라 대법원에 있는 디케상은 칼을 안 들고 있어요. 책을 들고 있어요. 그리고 또 뭐가 있냐면 눈도 안 가리고 있어요. 눈을 가린다는 얘기는 법 앞에 만인이 평등하니 누구인지 묻지 않겠다는 건데, 눈을 안 가리고 있다는 얘기는 '니 누꼬? 느그 아버지 뭐 하노?' 그리고 '청와대는 뭐라카드노?' 그러고 있는 상황이죠.

양승태 대법원장은 사법농단 산맥의 에베레스트였다. 청와대와 긴밀한 교감 속에 'KTX 승무원 정리해고 사건' '콜텍 정리해고 사건' '강제징용·위안부 피해자 민사소송' '통합진보당 해산 심판' '전교조 법외노조 행정소송' 등을 '재판 거래'했다. 대한민국, '삼권 분립' 아니었나?

우리 국민은 차라리 외국 법관들을 수입하거나 아니면 AI 있죠? 인공지능. 인공지능 법관에게 재판받는 게 더 균형 있는, 공정한 재판 결과가 나오지 않을까, 이렇게 생각할 수도 있는 거죠.[40]
소고기 한 근을 사더라도 저 정육점 저울은 엉터리다 그러면 그 집에서 소고기를 살 수가 없잖아요.

대법원장이 청와대와 거래를 하는 동안 KTX 노동자는 1심과 2심에서 승소하면서 9년 동안 받지 못한 임금을 받았는데, 그 돈 1억 원을 다시 토해냈다. 목숨을 끊은 분도 있다. 콜텍 노동자들도 정리해고가 부당해고였다는 판결을 고등법원에서 받았으나 대법원이 뒤집었다. 그때가 2012년이었고 해고된 지 7년째 되는 해였다. 그들은 양승태 대법원 덕에 그로부터 7년을 더 농성했다. 강제징용 사건은 계속해서 선고가 지연됐다. 강제징용 피해자들은 재판 지연이 양승태 때문이라는 사실은 전혀 모른 채 대부분 돌아가셨다.

권력을 가진 자의 일거수는 사람을 죽일 수도 있고, 일투족은 사람을 살릴 수도 있다. 자신이 가진 권력을 사람을 죽이는 데 쓰는 자는 반드시 단죄해야 한다. '정의의 여신상'에게 칼을 쥐어줄 때다.

---

여기에 보면 보수 성향 판사, 자기편이라는 거예요. 그리고 온건, 중도라는 거고. 그리고 강경. 더 재미있는 것은 컬러가 어떻게 되어 있는 줄 아세요? 보수는 빨간색이에요. 어떻게 보수가 빨간색입니까? 새누리가 빨간색이지. 보수가 빨간색이고, 강경이 무슨 색인지 아세요? 블랙입니다. 검은색이에요.

°2018년 1월 24일 〈tbs〉 '김어준의 뉴스공장'.
법원행정처가 판사들을 뒷조사해서 분류해놓은
'블랙리스트'를 비판하며.

법원 행정을 책임지는 사람하고 청와대 민정수석이 전화를
수백 통 했다는 얘기는 주로 판결에 관련된 게 아니겠어요?
법원에 비가 샜는지 이런 것 때문에 전화를 한 건 아니지 않
겠습니까?

°2018년 1월 24일 〈tbs〉 '김어준의 뉴스공장'.
사법농단의 핵심 인물인 임종헌 법원행정처 차장만
PC를 수사기관에 내놓지 않았다는 점을 비판하면서.

대리시험에 커닝까지 있었으나 합격자 발표는 유효하다? 역
사에 남을 판결입니다.

°2009년 10월 29일 트위터.
헌법재판소가 그해 7월 국회에서 한나라당이 날치기 처리한
'미디어법'에 대해 위법성을 인정해놓고도
법적 효력에는 문제가 없다는 결정을 내리자.

# 모기들이 반대한다고
# 에프킬라 안 삽니까?

2017년 9월 20일
〈tbs〉 '김어준의 뉴스공장'

사실, 양승태 같은 사람을 위해서는 공수처가 꼭 필요하다. 양승태 전 대법원장은 대법원장 가운데 구속된 최초 인물인데, 그렇다면 그 전 대법원장들은 모두 대통령 눈치를 보지 않고, 정권과 거래도 안 하 던 그야말로 법원 독립에 매진하던 사람들이었을까? 정말 그런가.

고위공직자비리수사처 신설은 노회찬 의원이 의욕을 가지고 추진 했던 사안이다. 20대 국회에서 가장 먼저 공수처 설치법을 발의한 것 도 노회찬 의원이다. 원래 공수처는 여당이 싫어하고 야당이 좋아해 야 한다. 고위 공직자라는 사람들은 결국 대부분 여당 쪽 사람이기 때문이다. 공수처 수사 대상은 대통령, 국무총리, 차관급 이상 공무 원, 대법원장·대법관·판사, 검찰총장·검사, 준장 이상 장성, 고위 경찰 공무원 등인데 일부를 제외하면 대부분 대통령이 임명한다. 그러니 공수처는 대통령과 여당을 겨냥한다. 원래 부정부패와 비리는 권력을 가진 쪽이 많이 저지를 수밖에 없으니 당연하다. 야당은 정권을 견제해야 하는 마당에 공수처 같은 잘 드는 칼이 있으면 좋을 테고 말이다.

논리적으로만 보면 분명히 그게 맞는데, 특이하게도 실제로는 그렇지 않다. 20대 국회에서 공수처를 반대하는 건 여당이 아니라 야당이다. 노무현 정부 때도 그랬다. 노무현 전 대통령은 대선 공약으로 '고위공직자비리조사처'를 공약했다. 그때 약칭은 공수처가 아니고 '고비처'였다. 고비를 못 넘었다. 한나라당이 반대했다. 2004년 8월 한나라당이 '고위공직자비리조사처신설추진계획백지화촉구결의안'을 냈다. 유승민, 주호영, 정두언 등도 여기에 참여했다. 노무현 정부한테만 좋은 일이 될 것이라는 이유였다.

자유한국당은 공수처가 정권의 하수인이 될 것이라고 비판한다. 홍준표 씨는 자유한국당 대표 시절 "공수처는 좌파 검찰청을 하나 만들어서 기존 검찰 권력을 무력화시키는 것"[41]이라고 비판했다. 노회찬 의원의 말을 들어보자.

동네에 파출소 생긴다니까 동네 폭력배들, 우범자들이 싫어하는 것과 똑같은 거죠.
모기들이 반대한다고 에프킬라 안 삽니까?

여름철, 가장 싫은 것 하나가 모기다. 우리 집에 같이 살고 있는 두 사람은 여름만 되면 모기 물린 곳을 긁느라 바쁘다. 단속을 잘해도 어디서 그렇게 모기가 생기는지 모르겠다. 모기 없는 편안한 삶을 위해 갖은 노력을 다한다. 방충망을 점검하고, 자기 전에 모기 기피제를 뿌리고, 자다가 행여 모기가 나타나면 바로 잡을 수 있게 머리맡에 안경과 '잠결에도 날렵한 두 손바닥'을 정성스레 놓는다. 결국 물리면 빠른 처치를 위해 동남아에서 유행한다는 호랑이 연고도 어디서 구해 놨다.

대한민국 모기는 부정부패와 범죄를 저지르는 고위 공직자들이다. 국민의 피를 빤다는 점에서 같고, 없애도 없애도 출현한다는 점도 똑같다. 아무리 단속을 열심히 해도 부정부패가 계속 생긴다. 고위 공직자의 범죄가 없는 편안한 삶을 위해 갖은 노력을 다해야 한다. 부정부패가 생기지 않도록 사회제도의 망을 점검하고, 혹시 범죄가 나타나면 바로잡을 수 있게 확실한 모기약도 준비해놔야 한다. 그 전에 쓰던 약은 수십 년간 효과가 없었으니까. 그 확실한 약이 공수처다. 모기들이 반대하는 건 당연하다.

---

(박정희 대통령은) 외인사죠. 가족들이 반대해서 부검을 못했습니다.

지금 필요한 것은 부검이 아니라 특검(입니다).

　°2016년 10월 5일 서울 고검청사에서
국회 법사위 국정감사 도중 백남기 농민 사건과 관련한 발언.

---

손가락으로 달을 가리키니까 손가락을 부러뜨리는 꼴.

　°2016년 8월 29일 검찰이 비리 의혹 대상자인
우병우 청와대 민정수석의 페이퍼컴퍼니를 압수수색하면서
우병우 수석에 대한 감찰 내용을 누설했다는 의혹이 있는
이석수 청와대 특별감찰관 사무실까지 압수수색하자.

---

가가호호 방문해서 안방에서 무슨 이야기를 하는지 듣겠다
는 겁니다. 그리고 화장실에서 누가 나오면 바로 들어가서 뭐
라고 낙서했는지 살펴보겠다는 거죠.

쥐약은 쥐를 잡을 때만 써야 됩니다. 쥐약을 아기들이 엉금엉
금 기어 다니다 먹게 만들면 안 되잖아요. 그러면 쥐약 자체
를 판매 금지할 수밖에 없는 상황도 되는 거예요. 그러면 쥐
만 신나는 거죠.

　° '노유진의 정치카페 · 두려워 말라, 검열하는 자들은 나약한 자들이다'.
검찰이 사이버 검열에 나선 상황을 비판하며.[42]

---

고위 공직자들에 대한 지나친 고액 선물을 금지하고 있는 조
항 때문에 우리나라 국가 경제가 위축된다는 주장은 대한민

국은 뇌물 공화국이란 말과 다름없습니다.

°2016년 5월 11일 〈CBS〉 '김현정의 뉴스쇼'.
김영란법 적용 대상을 늘려야 한다고 말하며.

폐암 환자를 수술한다더니
암 걸린 폐는 그냥 두고
멀쩡한 위를 들어낸 의료사고와
무엇이 다릅니까?

2013년 2월 14일
국회 기자회견

삼성 X파일 떡값 검사 명단 공개 8년 뒤, 통신비밀보호법 위반 판결로 노회찬 의원은 의원직을 잃었다.

평탄하지 않은 의원 생활이었다. 3선 의원이었지만 실제 의원으로 살았던 시간은 7년 정도가 전부다. 2004년 비례대표 당선 이후 4년을 했고, 2008년엔 낙선했으며, 2012년에 당선되고 나서는 9개월 만에 의원직을 상실했다. 20대 국회의원으로서는 2년 약간 넘게 일했으니 총 7년이다.

폐암 환자를 수술한다더니 암 걸린 폐는 그냥 두고 멀쩡한 위를 들어낸 의료사고와 무엇이 다릅니까?

노회찬 의원의 죄목은 당시 떡값 검사 명단을 공개한 보도자료를 파일로 올렸다는 것이다. 국회에서 직접 말한 것은 당연히 죄가 안 된다. 면책특권의 힘이다. 보도자료를 인쇄해 기자들에게 배포한 것도 죄가 안 된다. 그것도 국회에서 공개한 것이니 면책특권이 적용된다. 다만 같은 보도자료를 인터넷에 파일로 올린 것은 통신비밀보호법에 저촉된다. 인터넷에 공개하면 국회 밖의 일반인이 볼 수 있으니까. 두 뇌에 대혼란을 불러오는 판결이다.

이에 대해 박경신 고려대 법학전문대학원 교수는 참여연대 토론회에서 판결문이 "통신 또는 대화의 내용을 공개하지 아니하면 공중의 생명, 신체, 재산, 기타 공익에 대한 중대한 침해가 발생할 가능성이 현저한 경우 공개할 수 있다고 본 것"이라고 소개하면서 "이렇게 '멋있는' 문장을 만들어놓고 정작 이 사건은 면책되는 경우가 아니라고 대법원은 봤다"고 설명했다.[43] 그러니까 노회찬 의원의 삼성 X파일 떡값 검사 명단 공개는 보통 사람들의 생명, 신체, 재산, 기타 공익에 대한 중대한 침해가 발생할 가능성이 현저한 경우가 아니라고 봤던 것이다. 공적 관심사가 아니라는 것이다. 통신비밀보호법은 개인 간의 통신비밀을 보호하기 위한 법이다.

**홍석현** 그 담에 그 ○○는 그렇고, 줬고. 김두희 전 총장은 한둘 정도는 줘야 될 거예요. 김두희는 2000 정도. 김상희는 거기 들어 있으면 500 정도 주시면 같이 만나거든요. 석조한테 한 2000 정도 줘서 아주 주니어들, 회장께서 전에 지시하신 거니까. 작년에 3000 했는데, 올해는 2000만 하죠. 우리 이름 모르는 애들 좀 주라고 하고, 그다음 생각한 게 최경원.

**이학수** 들어 있어요.

**홍석현** 들어 있으면 놔두세요. 한부환도 들어 있을 거고. 이번에 제2차장 된 부산에서 올라온 내 일 년 선배인 서울 온 2차장, 연말에나 하고. 지검장은 들어 있을 테니까 연말에 또 하고…. (생략) [44]

대법원은 이학수 삼성그룹 비서실장과 홍석현 〈중앙일보〉 사장이 대선 후보들에게 정치자금을 주자는 대화, 후보 검사 누구누구에게 얼마씩 챙겨주자고 했던 대화를 '사적 대화', 그러니까 아이들 학교 데려다주고 오전 10시쯤 동네 카페에서 오랜만에 아이 친구 부모와 만나 나누는 수다 같은 것으로 판단했다.

학부모끼리의 수다는 분명히 보호해야 할 가치가 있는 대화다. 그러나 삼성 비서실장과 〈중앙일보〉 사장의 '뇌물 배분 대화'도 그런가?

국민 누구나가 스마트폰을 사용하는 1인미디어 시대에 보도자료를 언론사에 배포하면 면책특권이 적용되고 인터넷을 통해 일반 국민에게 공개하면 의원직 박탈이라는, 시대착오적 궤변으로 대법원은 과연 누구의 이익을 보호하고 있습니까? 그래서 저는 묻습니다. 지금 한국의 사법부에 정의가 있는가? 양심이 있는가? 사법부는 무엇을 위해, 누구를 위해 존재하는가?[45]

국회의원들에게 힌트 하나 드린다. 오래 의원직을 유지하는 방법. 무엇을 하든 국회 안에서 말로 하고 기자들에게 보도자료를 뿌려라. 그 이상은 절대 안 된다. 인터넷에 파일을 올리거나 페이스북에 글도 쓰지 마시라. 트위터도 마찬가지다. 인스타그램은 뭐, 하는 의원 많지 않은 것 같으니…. 지금은 21세기이고 대한민국은 인터넷 강국이며, 유권자 다수가 스마트폰을 통해 정보를 얻고 있다는 사실을 기억하라. 바로 이런 점을 고려했을 때 국회의원은 국민 다수가 알아야 하는 일을 인터넷에 올려서는 안 된다. 그러면 국민이 진짜 알게 되는데, 그렇게 되면 국회의원이 인터넷에 정보를 올린 행위는 국회 밖을 벗어나는 게 된다. 면책특권의 범위에서도 벗어나는 것이다. 위험하다.

2017년 7월 노회찬 의원은 〈시사IN〉 '인터뷰쇼'에서 이런 말을 한다.

(홍석현 전 회장이) 저 당시에 주미대사였어요. 사실은 그때 이미 다음번 유엔사무총장은 아시아 국가, 그중에서도 한국 순서였거든요. 한국 정부가 추천하면 되게 되어 있었어요. 저분이 그 자리에 갈 의향으로 주미대사를 승낙해서 간 거고, 이 사건 없었다면 자동으로 이분이 유엔사무총장에 100퍼센트 됐을 거라고 보고, 그랬다면 대통령 선거 때 또 봤겠죠. 이 사건이 터지는 바람에 그 모든 계획이 뒤바뀐 거죠.

반기문 전 유엔사무총장은 노회찬 의원에게 고마워해야 한다. 대선 후보가 못 된 건 자기 탓이고.

이번 사건을 통해 우리가 받은 가장 큰 충격은 낮의 제왕과 어둠의 황제가 동일한 실체라는 점이다.

°2005년 7월 27일 〈프레시안〉 기고 글.[46]

당시 삼성 관련자들에 대해 수사하지 않은 이유가 국가기관 불법 도청에 의한 피해자들이기 때문에 X파일 내용을 가지고 수사해서 처벌하면 도청 피해자가 이중 처벌을 입는다는 것이었는데, 남의 집에서 도둑질한 물건 중에 마약이 있으면 그 집에 마약이 왜 있는지 조사하는 것은 당연합니다.

°2015년 6월 10일 국회 인사청문회.

남의 집에 물건 훔치러 들어갔다가 몰래카메라에 찍힌 사람이 자신은 불법영상기기에 의한 피해자라 주장하는 꼴이다.

°2008년 7월 21일 '난중일기'.[47]

"도둑이야!"라고 소리쳤는데 도둑은 안 잡고 소리친 사람에게

만 죄를 물은 '사법살인'이었습니다.

　°2014년 7월 8일 7·30재보궐선거 서울 동작을 출마 기자회견.

친일 문제도 그렇습니다. 나라를 팔아먹은 지 110년이 지났
는데 그걸 아직도 기억하고 그 거래에 대해 비난하는 자들이
잘못됐다는 거죠.

　°'노유진의 정치카페·두려워 말라, 검열하는 자들은 나약한 자들이다'.
　국민의 관심사가 아닌데 삼성 떡값 검사 리스트를 공개했다면서
　노회찬 의원에게 유죄를 판결한 법원을 비판하며.[48]

이 사건과 관련해 한나라당은 입이 열 개라도 할 말이 없어야
한다는 열린우리당 원내대표의 말은 옳다. 그렇다면 열린우리
당은 입이 다섯 개라도 할 말이 없어야 한다는 것이 지금 국
민의 생각이라는 걸 그는 알아야 한다.

　°2005년 7월 27일 〈프레시안〉 기고 글.[49]

불법 도청은 손가락일 뿐이며 그 손가락이 가리킨 진실의 달
이 바로 삼성 X파일입니다.

　°2009년 1월 19일 1심 선고공판에서 노회찬의 법정진술.[50]

# 이것은 '미성년자 관람불가' 판결이다

2011년 8월 30일
〈프레시안〉 인터뷰[51]


내가 볼 때 이것은 '미성년자 관람불가' 판결이다. 자라는 아이들에게 알려줘서도 안 되는 내용이다. 아이들에게 사회 혐오감을 갖게 하는 반사회적 판결이다.

100번을 생각해도 판결은 납득할 수 없었다. 가장 먼저 "노회찬은 무죄"라고 말한 사람이 홍준표 의원이었을 정도다.[52] 국회의원 거의 전원이 이학수와 홍석현 두 사람의 대화를 감청한 테이프 280여 개를 모두 공개하자는 법안에 서명까지 했다. 그런데 이학수도 홍석현도, 당시 법무부 차관을 포함해 돈 받은 검사들 누구도 수사조차 받지 않았다.

분통 터질 일이다. 정의가 무너졌다는 건 이럴 때 쓰는 말이다. 이 정도면 '미성년자 관람불가'가 맞다. 19금 판결이다. 우리 사회가 엉망진창으로 부정의한 사회라는 걸 차마 청소년들에게 알릴 수 없다.

"그럼, 그 테이프는 지금 어디 있어요?"

노회찬 의원에게 전화로 직접 물어본 일이 있다.

"아마 검찰청 지하 창고에 있겠죠."

공개되지 않은 테이프에는 얼마나 많은 내용이 있을까. 왜 공개하지 않는가. 그 테이프도 '미성년자 관람불가'인가?

"아빠, 아빠는 왜 손 안 들어?"

아이가 꼬맹이일 때 늘 녹색불이 켜지면 횡단보도를 건너라고 강조했다. 건널 때는 꼭 손을 들라는 것도 함께. 어느 날, 곧 빨간불로 바뀔 것 같아 아이를 안고 횡단보도 위를 뛰었다. 미성년자인 우리 아이는 왜 평소에 말한 규칙을 아빠가 지키지 않느냐고 물어봤다. 아빠에 대한 아이 최초의 문제 제기였던 것으로 기억한다.

"미안해. 아빠가 급해서 그랬는데, 앞으로는 안 그럴게."

바로 사과했다.

삼성 X파일 사건에 대해서도 '미성년자'들에게 사과해야 한다. 국가와 사회가 잘못했다고 말이다. 재벌이 대통령 후보에게 불법 정치자금을 주는 건 잘못이라는 점, 기업이 검사들에게 용돈 줘가며 관리해서는 안 된다는 점, 만약 그런 잘못이 있다면 검찰이 제대로 수사하고 법원은 올바로 판단해 정의를 바로 세워야 한다는 점, 노회찬 같은 국회의원이 한 명이라도 있어서 다행인데, 그런 사람을 유죄라고 하면 절대 안 된다는 점, 그리고 이 모든 걸 대한민국은 완전히 반대로 했다는 점을 인정하고 사과해야 한다.

무엇보다 국가가 먼저 사과해야 할 '미성년자'는 함석헌 선생, 선우휘 편집장, 김상현 의원 같은 사람들을 찾아가 이야기를 나누고, 교회에 몰래 들어가 유신반대 유인물을 복사해 나눠주던 바로 그 고등학생이다. 그리고 이 학생이 나중에 정치인이 되어 고난을 겪다 세상을 떠나자 교복을 입고 조문을 와 슬퍼하던 고등학생, 그 뜻을 잇겠다며 정의당의 예비당원으로 활동하는 고등학생, 불법촬영 동영상은 더이상 안 된다며 당당히 목소리 높이는 고등학생, 입시지옥에서 하루하루 존엄을 지키며 살아가는 고등학생이다. 이 모든 '미성년자'들에게 국가는 사과해야 한다.

_____

다른 사람들 4년 고생해서 졸업하는 것을 제가 8개월 만에 졸업을 해서, 조기졸업을 했다고 생각하고 있고요.

국민에게는 무죄 판결을 받았기 때문에 마음은 든든합니다.

°2013년 3월 25일 〈JTBC〉 '시사돌직구'.

_____

안녕하세요. 저는 두 달 전까지 해직 국회의원이었던 노회찬

입니다.

오늘의 방송 상황이 '시일야방송대곡' 상황이기 때문에 울고
만 있을 수 없어서 왔습니다.

°2016년 6월 28일 공정언론바로세우기 콘서트 때
많은 해직 언론인 앞에서 자신을 소개하며.

제가 느끼기에는 삼성그룹으로부터 돈을 많이 받은 쪽부터
더 강하게 증인으로 안 세우려고 하는 것 같아요. 우리 정치
가 참 의리가 있구나, 받은 만큼 노력을 하는구나, 그런 것을
실감하고 있어요. 지금 계속해서 삼성을 감싸고 든다면 앞으
로도 삼성으로부터 검은돈 받겠다는 그런 희망의 표현이라고
밖에 해석할 수 없습니다.

°2005년 9월 23일 〈KBS〉 '심야토론'.

(도청) 테이프 공개와 관련해서도 마찬가지입니다. 불법 도굴
한 사람이 왕릉에서 유물을 꺼냈다면 불법도굴로 처벌받아
야죠, 당연히. 그러나 그 꺼낸 유물을 단순히 절도한 장물로
만 취급할 거냐. 박물관에 보낼 건 박물관에 보내고 다시 묻
을 건 다시 묻고, 분류하지 않습니까? 그런 작업을 해야 된다
는 거죠.

°2005년 9월 23일 〈KBS〉 '심야토론'.

삼성은 우리나라 GDP의 18퍼센트를 만들어내는 기업입니다.
건물로 비유하면 대형 건물이니까 무너져도 피해가 더 큰 것
이고, 화재가 나도 훨씬 큰 사고가 나니까 관심을 더 가지고
안전을 진단하는 건 당연하죠.

°'노유진의 정치카페 · 우리 모두 국민 기업 지킴이가 됩시다'.[53]

내 눈에 흙이 들어가기 전에 노조는 안 된다고 했지만, 눈에
흙이 들어간 지 오래됐죠.

°'노유진의 정치카페 · 우리 모두 국민 기업 지킴이가 됩시다'.
삼성이 무노조를 지향했지만 실현하지는 못했고,
노조탄압경영을 했다는 심상정 의원의 말에 동의하며.[54]

저는 삼성그룹이 무엇보다도 대한민국의 법과 대한민국의 민
주주의에 순응할 것을, 이제 한국 사회로 귀순할 것을 강력히
요청합니다.

°'노유진의 정치카페 · 우리 모두 국민 기업 지킴이가 됩시다'.[55]

검사의 공소장인지 아니면 변호인의 변론 요지인지 알 수 없
게 되어 있다.

°2005년 12월 14일 서울중앙지검이 발표한
삼성 X파일 사건 수사결과에 대해.

아날로그시대 판례로 디지털시대 행위를 재단하는 것은 시대착오적인 일.

°2011년 5월 13일 국회 기자회견.

# 산소가 무상이라고 해서
# 일부러 숨 가쁘게 호흡하는 사람이
# 많은 거 아니잖아요

2012년 4월 7일
〈KBS〉 '심야토론'

역대 대통령은 언제나 취임사에서 '복지'를 언급했다. 박정희, 전두환, 노태우, 김영삼, 김대중, 노무현, 이명박, 박근혜 등 모든 역대 대통령들의 공통점이다. 그러나 대한민국에서 사회복지 논의가 본격적으로 활발해진 건 진보정당이 등장한 이후부터다. 사회복지에 대한 진보정당의 관심은 남다르다. 진보정당 복지정책의 초창기 양대 산맥은 '무상교육' '무상의료'였다. 전면적 무상의료를 내걸었던 초기 민주노동당 시절 이후 이를 현실화시키기 위해 다양한 방안이 제시되었다. '암부터 무상의료' '건강보험 하나로' 등이 그 사례다.

언제부터인가 건강보험보장율을 확대하고, 일 년 병원비 중 본인부담금 상한선을 100만 원 정도로 하자는 정책이 나왔다. 그러자 2012

년 총선 텔레비전 토론에서 이를 비판하는 질문이 등장했다.

"아무리 병원비가 많이 나와도 본인 부담은 100만 원만 내면 된다는 것인데, 현재 기초수급자들에게 무상의료가 실시되고 있습니다. 그런데 일부 기초수급자들은 의료 과소비를 하고 있어요. 얼마든지 소비를 해도 제재할 장치가 없습니다. 어떤 분은 아홉 개 병원에서 6개월 동안 2600일이 넘는 수급을 받았습니다."

어떻게 답해야 했을까.

과다 진료, 이른바 무상의료시스템을 남용하는 문제에 대한 대책은 필요합니다. 그런데 그런 소수 때문에 보장성이 60퍼센트에 불과한 지금 상태를 유지해야 하느냐, 예를 들어 반값등록금 실시해도 공부 안 하는 대학생 있을 수 있습니다. 그런 일부 학생들 때문에 반값등록금 하지 말아야 하느냐, 그건 아닙니다. 말씀하신 문제에 대해선 별도의 대책을 통해서 줄여나가되, 그 때문에 건강보험 보장성을 확대하는 것을 늦추거나 미룰 이유는 없다고 봅니다.

구더기 무서워 장 못 담글 일이 아니다. 무슨 정책이든 부작용이 있을 수 있으나 그것 때문에 올바른 정책 추진을 포기할 순 없다. 사실은 장 담그기 싫으니까 구더기 탓을 하는 것이다. 노회찬 의원은 하나의 비유를 더 들었다.

산소가 무상이라고 해서 일부러 숨 가쁘게 호흡하는 사람이 많은 거 아니잖아요. 너무 걱정할 일은 아니라고 봅니다.

무상의료 같은 정책은 심호흡하면서 각오를 단단히 다진 다음에 뚜벅뚜벅 추진해나가야 한다.

---

융단폭격하듯 무상보육 확대해야.

°2010년 5월 18일 〈MBC〉 '100분 토론'.

---

제가 볼 때는 나눔이 집중되어야 될 순서가 첫 번째 교육, 두 번째 의료, 세 번째 주택, 이렇게.

°홍기빈과의 인터뷰.
복지에 대해 이야기하던 중.[56]

---

지금 출산휴가가 90일이죠. 600년 전에 세종대왕 때 노비들 한테 출산휴가 얼마 줬는지 아십니까? 130일 줬습니다. 지금 남편에게 출산 도와주라고 휴가를 사흘 주고 있습니다. 그때 세종대왕이 남자 노비들에게 30일 줬습니다.

°2013년 1월 11일 〈SBS〉 신년기획
'착한 성장사회를 위한 국민 대토론'.

유산 상속받은 것과 자기가 번 돈을 구분할 줄 모릅니까?

°2010년 5월 18일 〈MBC〉 '100분 토론'.
오세훈 후보가 교육예산을 3000억 원 썼다고 주장하자
그 예산은 전임 시장 시절 조례가 통과되어
확보 가능했다고 꼬집으며.

복지를 얘기하면서 노동을 얘기하지 않는 것은 병 주고 약
주는 것과 똑같습니다.

°2017년 7월 12일 노원구 노동복지센터 개소식 인사말.
이때 "일자리를 마구잡이로 없애거나 나쁜 일자리만 만들거나
월급 많이 못 받는 비정규직을 늘려놓고
생활 복지를 해결하겠다고 말하는 것은
의사가 병을 퍼뜨리면서 다른 한편으로
'약은 무제한으로 드리겠습니다'라고 말하는 것과
무엇이 다르겠습니까"라는 말도 했다.

# 새누리당의 반값등록금은
# 병아리를 튀겨놓고
# 통닭이라고 얘기하는 격

2012년 4월 7일
〈KBS〉 '시사토론'

허풍이 공약의 기본인지는 모르겠지만 공약에 허풍이 기본적으로 많이 들어가는 것은 사실이다. 복지에 대한 국민의 열망이 커지자 새누리당도 복지정책을 내놓지 않을 수 없었다. 그런데 허풍을 적당히 섞었다. 대표적인 게 19대 총선 당시 새누리당의 '반값등록금' 공약이다. '50퍼센트 DC'라고 적힌 가게 문을 열고 들어갔는데, 정작 계산할 때 되니까 25퍼센트만 깎아준다면 화가 나지 않겠는가? 새누리당 반값등록금 공약이 그랬다.

당시 대학등록금 전체가 14조 원이었다. 이 중 4조 원은 장학금으로 지급되니 10조 원이 남는다. 반값등록금을 하려면 5조 원을 투입해야 한다. 새누리당은 반값등록금을 하겠다면서 2조 5000억 원을 쓰겠다고 했다. 오늘 밥값 반은 자기가 내겠다고 해놓고선 만 원짜리 밥집에서 2500원만 내면 소화가 안 될 게 틀림없다. 노회찬 의원의 지적이 통쾌하다.

새누리당이 지금 반값등록금 공약 내놨는데, 내용을 보면 반의 반값(만 깎아준) 등록금이다. 일종의 허위 공시다. 이건 병아리를 튀겨놓고 통닭이라 얘기하는 격(이다).
말을 고쳐서 '반의반값등록금'이라고 하는 게 맞다.

사실 새누리당의 이 정도 공약은 이 당이 했던 다른 일에 비하면 양호하다. 새누리당이 배출한 놀랄 만한 정치인 홍준표 전 대표는 경남 도지사 시절 무상급식을 중단했다. 20대 총선에서 창원 성산구로 출마한 노회찬 의원은 〈KBS〉 토론에서 이 문제로 상대 후보와 논쟁했다.[57]

**노회찬** 홍준표 도지사의 무상급식 중단 조치를 옹호해왔는데, 특히 작년 12월에는 홍준표 지사의 숭고한 뜻이 지켜져야 한다고 얘기했습니다. 도대체 홍준표 지사가 무상급식을 중단한 것을 숭고한 뜻이라고 하면서 그것이 지켜져야 된다고 얘기하는 분이 선거를 불과 열흘 앞두고서 학교 급식을 의무화하겠다, 국가 비용으로 하겠다고 얘기한다면 그것을 누가 믿겠습니까?

**강기윤** 홍준표 지사의 무상급식 중단 사태는, 아이들이 밥을 먹지 않는다고, 잔반이 많이 나온다는 겁니다. 그래서 감사를 해보자고 하니까 교육감께서도 기분이 나쁘시겠죠. 기관 대 기관인데 왜 감사를 받아야 되느냐, 그래서 감사 없는 지원은 못하겠다, 이래서 도화선이 된 겁니다.

**노회찬** 답변하신 것 중에 교육청에서 감사를 받아야 하는데 감사를 거부했기 때문에 급식을 중단했다는 건데, 감사를 거부했으면 감사를 강행하는 다른 조치를 취해야지 급식을 왜 중단합니까? 아이들이 숙제 안 해오면 밥 안 줍니까?

아이들이 숙제를 해오지 않았다고 밥을 주지 않는 건 아동 학대다. 공부 못한다고 벌 세우고, 말 안 듣는다고 구박하는 것 모두 잘못이다. 다 나쁜 일이지만, 그중에 으뜸은 밥을 주지 않는 것이다. 이것을 정책이랍시고 추진한 정치인은 으뜸으로 나쁜 인간이다. 반의 반값 정치인이다.

한국의 노동시간이 전 세계 1위죠. 그런데 노동시간보다 수업시간이 더 길어요.
° '노유진의 정치카페·스무 살 넘어도 공부만 하는 인생을 언제까지!'[58]

바나나우유에 바나나가 들어 있지 않다는 걸 아는 거예요. 그러면 바나나맛 우유라고 이야기해야 되는데, 바나나우유 라고 하는 걸 그냥 내버려둔 겁니다.

° '노유진의 정치카페 · 저도 나라에서 주는 용돈 받을 수 있나요?'.
박근혜 대통령이 후보 시절 모든 어르신에게 20만 원씩
주지 않을 거면서 줄 것처럼 공약하고 홍보한 것에 대해.[59]

잡은 고기에게는 먹이를 주지 않는다는···.

° '노유진의 정치카페 · 저도 나라에서 주는 용돈 받을 수 있나요?'.
박근혜 대통령이 약속을 하나도 안 지키겠다면서.[60]

저는 실제로 경쟁사회가 복권사회라고 보거든요.

° 홍기빈과의 인터뷰.
우리 사회에 대해 이야기하던 중.[61]

인간을 가르치는 교육감을 뽑을 것인가? 동물을 기르는 사 육감을 뽑을 것인가?

° 2008년 7월 24일 '난중일기'.
주영복 서울시 교육감 후보에 대해 말하며. 이런 말도 했다.
"교육인가 사육인가? 인간을 위한 교육은 강자와 약자를 다 함께
배려한다. 우열을 구분하고 차별하지 않는다. 그러나 동물을 위한
훈련에서는 강자만을 위한다. 강자를 더 강한 자로 만드는 것이 목표다.
이 과정에서 약자는 배제되거나 축출된다."[62]

# 내가 언제 돈 낸다고 했어?
# 밥 산다고 했지

2016년 2월 5일
〈한겨레TV〉 '김어준의 파파이스'

자유한국당이 국민에게 줘야 할 걸 주지 않은 일은 많다. 박근혜 정부가 누리과정 예산을 교육청에 주지 않아 큰 혼란이 벌어졌던 일이 대표적이다.

**김어준** 누리과정도 사실 본인의 공약을 정면으로 뒤집은 거거든요. 안 하는 게 아니라.

**노회찬** 누리과정은 일종의 사기입니다. 내가 밥 살게, 오케이 해서 가서 밥 먹었어요. (그런데 먹고 나니) 니가 돈 내 (하는 거죠). 그래서 왜 공약을 안 지키냐고 하니까, 밥 샀잖아, 근데, 왜 돈을 내가 내? 내가 언제 돈 낸다고 했어? 밥 산다고 했지, (이러는 거예요).

이때 길거리에서는 현수막 대전이 벌어지기도 했다.

"교육감님, 정부에서 보내준 누리과정 예산 어디에 쓰셨나요?"

당시 새누리당이 이렇게 현수막을 걸면, 그 밑에 정의당이 다른 현수막을 걸었다.

"대통령님이 약속하신 누리과정 예산, 안 줬다 전해라."

정치권이 약속을 지키지 않는 일은 많다. 그러나 학교급식을 중단하거나 누리과정 예산을 배정하지 않는 등 아이들과 학생들을 볼모로 하는 일은 파렴치하다. '파렴치범'이란 말이 괜히 있는 게 아니다.

2017년 12월에는 자유한국당이 반대해서 보편적 아동수당 지급이 2018년 6월 지방선거 이후로 미뤄지기도 했다. 이때는 노회찬 의원이 좀 분노한 모양이다.

그걸 네 글자로 뭐라고 하는지 아세요? '민중의 적.'[63]

내가 육아휴직을 한 게 2006년이었다. 일 년 동안 열심히 아이를 키웠다. 그때 정부에서 40만 원씩 나왔던 걸로 기억한다. 정확한 기억이 아닐 수도 있다. 진보정당 당직자였지만 육아휴직 일 년을 시도한 게 내가 처음이었다. 그 기간 동안 소득이 확 줄어들 것을 대비해 미리 돈을 마련해놓기도 했다. 당에서 20만 원을 더해 한 달 수입 60만 원. 이걸로 10개월을 버텼다. 그나마 모아놓은 돈이 있어서 그럴 수 있었다. 아이 엄마는 3개월을 쉰 뒤 다시 일을 나갔다. 독립다큐멘터리 감독이 늘 돈을 가져올 수 있는 직업은 아니었다. 10개월째 되었을 때다. 돈이 떨어지다 못해 정말 한 푼도 남지 않았다. 그래도 견뎠다. 각종 생필품이 없어질 때까지. 간장이 떨어지고, 소금이 바닥을 보였다. 지금은 악몽 같은 얘기지만 정말 그랬다. 쓰레기봉투마저 떨어졌다. 그걸 살 돈이 없었다. 쓰레기통에 쓰레기가 넘치다 못해 주변에 쌓였다.

"더이상은 안 되겠다."

어른만 사는 집도 아닌데, 쓰레기가 쌓이는 걸 두고 볼 순 없었다. 아이한테 못 할 짓이었고, 살면서 드물게 존엄이 훼손되는 느낌을 받았다. 육아휴직 10개월 만에 돈벌이에 나섰다. 간신히 살아냈던 기억이 선명하다.

---

전교생 10퍼센트가 불량식품으로 식중독에 걸렸는데 이를 모르는 교사가 있을 수 있는가?

°2006년 9월 3일 '난중일기'.
"유권자의 10퍼센트 이상이 합법 도박장에서 수십, 수백만 원을
예사로 잃으며 도박중독자가 되어왔는데 수년 동안 이를 몰랐다니"
국회의원들을 국민의 대표라고 할 수 없다면서.[64]

---

예를 들면 찬물에 사는 광어의 유전자를 딸기에 넣어서 냉해

를 잘 견디는 딸기를 만드는 거죠?

딸기를 이제 회로 먹어야지.

° '노유진의 정치카페·우리 이런 거 먹고 살아도 괜찮을까?'.
GMO에 대해 이야기하던 중.[65]

선출되지 않은 권력이 쿠데타를 일으켜 권좌를 차지하는 것
과 같지.

° '노유진의 정치카페·우리 이런 거 먹고 살아도 괜찮을까?'.
GMO는 진화 과정에서 제거됐을 법한 요소들이
제거되지 않아 문제가 될 수 있다면서.[66]

이름을 바꾼다고 위험이 없어지는 게 아니잖아요. 차라리 워
싱턴 원전으로 불러서 미국에 있는 걸로 착각하게 만들지.

° '노유진의 정치카페·스리마일, 체르노빌, 후쿠시마 그다음은 어디?'.
핵발전소가 처음에는 고리원전, 월성원전처럼 지역 이름을 쓰다가
나중에 울진원전은 한울원전으로, 영광원전은 한빛원전으로 바뀌어서
이름만 들어서는 어디인지 모른다는 김익중 교수의 말을 듣고.[67]

# 돈 봉투도 국민에게
# 뿌리면 안 됩니까?

2012년 1월 10일
'노회찬·조국 북콘서트'


**노회찬** 아니, 돈 봉투도 국민에게 뿌리면 안 됩니까? 왜 자기들끼리 주고받는 거예요?

**조국** 브라질에서 그렇게 하고 있습니다. 기본소득 보장을 위해서 모든 국민에게 실제 돈을 뿌리고 있습니다.

**노회찬** 그래서 브라질 룰라 대통령이 8년 하고 물러나는데 지지율이 80퍼센트, 왜? 국민에게 살포했으니까요.


복지라는 게 그렇다. 루스벨트의 뉴딜정책도 결국에는 돈 뿌리는 정책이다. 무상의료, 무상교육 같은 공적 서비스도 결국 돈 뿌리는 것과 같다.

이상할 게 없다. 경제권력을 가진 자들이 사회를 좌지우지하니, 소득도 그들에게 집중될 수밖에 없다. 교정할 수 있는 건 정치다. 정치권력이 부자들의 돈을 걷어 가난한 자들에게 살포하는 것, 더 나아가 중산층에게도 상당한 세금을 지우고, 대신 매우 높은 수준의 복지를 전 국민에게 제공하는 것. 이것이 복지국가다.

앞으로 달라지는 세상에서 복지의 양상도 바뀔 필요가 있다. 기존의 복지는 직장을 가진 사람을 기준으로 설계되어 있다. 사각지대가 많이 보인다. 번듯한 직장을 가지지 못한 사람은 실업자이면서도 실업급여를 받지 못하고, 오랫동안 일을 했지만 비정규직으로만 근무했던 사람 중에는 국민연금을 받지 못하는 사람도 많다. 이런 게 사각지대인데, 기본소득이 대안 중 하나로 거론된다.

과학기술이 발달하면서 일자리 창출이 어려울 수 있다는 점도 기본소득 주창자들의 논거 중 하나다. 주요 정치인들이 기본소득제도를 검토하고 있기도 하다. 실제로 이미 부분적으로 실시 중인 영역도 있다. 정재승 카이스트 교수에 따르면 노회찬 의원도 고민이 많았다고 한다.

노회찬 의원은 달랐다. 오히려 21세기 진보정치는 과학기술에 대한 이해를 바탕으로 이루어졌으면 한다는 말씀을 들었다. 노동을 신성한 의무이자 권리로 받아들이는 프레임에서는 일자리를 만들고 싶어도 그럴 수 없는 미래에 적절히 대응하기 어려울 수 있다. 오히려 '기본소득' 같은 혁신적인 개념을 적극적으로 고민하고, 노동을 놀이이자 삶의 보람을 만들어내는 도구로 바라볼 필요도 있다는 의견을 주고받았다.[68]

노회찬 의원은 기본소득에 대해 직접 언급한 적이 있다.

기본소득은 해볼 만한 실험이다. 세계적으로 기본소득 실험이 확대·강화되고 있기 때문에 좋은 길을 만들어내지 않을까.[69]

고민은 계속되어야 한다. 노회찬 의원의 말대로 과학기술을 충분히 이해하면서 진보정치의 구상이 다듬어지길 바란다. 아울러 기본소득의 한계에 대해서도 사회적으로 잘 논의되었으면 좋겠다. 예를 들어 4차 산업혁명으로 일자리가 줄어들 수밖에 없다고 하는 주장은 반드시 옳은가? 한국에서는 좌파든 우파든 이 주장에 다 동의한다. 일자리 줄이는 기술이라니. 인간은 왜 이런 기술을 혁명이랍시고 자꾸 만드는 걸까. 그 전에 '왜 어떤 기술은 인간이 통제할 수 없나'를 먼저 고민하는 건 어떤가. '일자리 줄이는 기술은 마땅히 노동자의 통제를 받아야 한다'는 믿음이 상식이 될 순 없는 것인가. 그렇게 되지 않고 4차 산업혁명으로 일자리가 줄어든다는 사실을 받아들이게 되면, 자본의 주도력은 도저히 어쩔 수 없는 것이라고 인정하는 셈이 된다. 그런 건가.

또 하나, 기본소득을 주는 것은 좋은데, 그만큼 소비가 늘고 화석연

료 사용이 증가하면 결과적으로 기후변화가 가속된다. 이 문제에 대해서는 보다 적극적으로 토론해볼 필요가 있다. 알래스카 기온이 올라 산불이 나는 시대에 더이상 미뤄서는 안 되는 문제다.

중랑천은 어제보다 물이 약간 빠졌네요. 벌써 강태공 몇 분이 나와 앉아 세월을 낚고 있네요. 월요일 아침의 낚시라…. 하긴 월요일 아침의 골프도 있죠. 한쪽은 일자리가 없고, 다른 한쪽은 일이 없다는 차이입니다.

°2009년 7월 12일 트위터.[70]

# 평양올림픽으로 변질됐다 그러면
# 평양냉면도 문제 삼아야죠

2018년 1월 24일
〈tbs〉 '김어준의 뉴스공장'

그때 참 흥분되었다. 평창올림픽 말이다. 어떻게든 하루는 경기를
봐야겠다는 생각에 인터넷으로 표 구하기를 며칠째. 스노보드 경기
를 볼지, 크로스컨트리를 구경할지, 아니면 루지를 응원할지 고민했
는데 결국은 싼 표가 있고 시간이 맞는 경기를 골랐다. 새벽 강릉행
KTX를 타고 아이 손을 잡고 달려갔던 기억이 선명하다. 그날 밤늦게
까지 난생 최대의 폭설 속에서 크로스컨트리를 응원했다. 아이는 마
침 선수들이 지나는 길목에 자리를 잡아, 선수들과 계속해서 하이파
이브를 했다. 신나서 폴짝폴짝 뛰던 얼굴이 생생하다. 이렇게라도 평
화에 기여하고 싶었다.

제가 볼 때는 다른 정신은 어떨지 몰라도 올림픽 정신이 없어요. 올림픽 정신이 추구하는 게 평화예요. 그리고 평양올림픽이 뭡니까? 아니 뭐, 평양에 콤플렉스 있어요? 올림픽이 평양올림픽으로 변질됐다 그러면 평양냉면도 문제 삼아야죠. 왜 냉면은 다 평양 아니면 함흥이냐, 서울냉면, 수원냉면은 왜 없느냐, 대한요식협회에 이거 완전히 정치적으로 중립이 깨진 거 아니냐고 항의를 해야죠.

냉면을 특히 좋아하는 노회찬 의원 입장에서 어쩌면 사심까지 담은 혼신의 힘을 다한 비판이었다. 냉면은 한반도 평화의 가교 역할을 톡톡히 하고 있는 소중한 메뉴다. 노회찬 의원이 평양 옥류관에 갔을 때 앉은 자리에서 냉면 여섯 그릇을 먹었다는 이야기는 남북 모두에서 아마 전설이다. 한 번 시키고 사리를 다섯 번 더 주문했다고 한다. 옥류관 지배인이 방명록을 가지고 왔다. 서명하라는 이야기였는데, 워낙 많이 먹으니 기록 차원에서 요구했던 모양이다.

2018년 4월 27일 남북정상회담 당일에는 마포구에 있는 을밀대 본점에서 노회찬 의원이 정의당 지도부와 당직자들에게 평양냉면을 쏘기도 했다. 미처 그 일정을 알지 못했던 나는 다른 당직자 서너 명과 함께 여의도에 있는 또다른 냉면집에 갔다가 뒤늦게 노회찬 의원의 그날 선행을 듣고 땅을 쳤다.

그러니까 평창올림픽은 한반도 평화를 향한 대장정의 출발 신호 같은 것이었다. 재를 뿌릴 일이 따로 있지. 거기에 자유한국당은 '평양 올림픽'이라고 딱지를 붙인 것이다. 나경원 자유한국당 의원은 여자 아이스하키 남북 단일팀 반대 서한을 국제올림픽위원회에 보내기도 했다. 노회찬 의원은 이렇게 지적했다.

나경원 의원은 (중략) 평창동계올림픽 조직위원이기도 하고요. (중략) 이런 분이 그것도 IOC에 편지를 썼다는 것 자체가 저는 상식적으로 납득이 안 가요. 국무위원이 정부시책에 문제가 있습니다, 하고 유엔에다가 항의 서한 보내는 거랑 똑같은 거 아니에요.

**게다가 단일팀은 자유한국당이 만든 법에 따라 구성한 것이었다.**

2018년 평창동계올림픽 지원에 관련된 법이 있어요. 이 법에 보면 제83조, 84조에 단일팀을 만들도록 되어 있습니다. 그런데 이 법을 누가 처음 제안했느냐, 권성동 의원 그리고 당시 새누리당 의원들이 두 개의 법안을 냈는데 둘 다 이게 들어가 있어요. 그러니까 자기들이 만든 법이에요.

나경원 의원이 IOC에 보낸 편지는 '팀킬 레터'였다. 자유한국당과 평창동계올림픽조직위원회, 이렇게 자신이 속해 있는 두 조직을 욕하는 팀킬. 이런 사람 드물다. 노회찬 의원은 자유한국당이 무엇을 두려워하는지 정확히 짚었다.

이분들이 두려워하는 것은 제가 볼 때는 평화예요. (중략) 핵무기 달라고 구걸하러 다니고 이랬는데 평화 시절이 오면 골치 아프 잖아요. 그러니까 자신들이 서식하고 번성할 기회가 점점 적어지는 거죠.

북한은 핑계인 것이고 자신들이 궁색하게 되는 처지, 불우한 처지가 원망스러운 거죠.

압도적 체제 선전은 대한민국이 하고 있는 거예요.

°2018년 1월 24일 〈tbs〉 '김어준의 뉴스공장'.
평창올림픽을 이용해 북한이 체제를 선전하는 것이라는
자유한국당의 반응에 대해.

올림픽 참가하는 평양은 싫고 미사일 쏘아대는 평양이 오히려 더 반갑다는 태도입니다.

말로는 안보, 안보 외치지만 막상 전쟁 나면 안 보일 세력들이 평화를 거부하고 있습니다.

°2018년 1월 '난중일기'.[71]

정 의원이 심문 먼저 안 했다고 다그쳤지만 정 의원에게 심문을 맡겼다면 이것부터 물었을 게 분명하다. "어떤 라면 드실래요?"

°2012년 11월 1일 '난중일기'.
이른바 '노크 귀순'한 북한 병사에게 심문도 하지 않고
라면부터 먹였다는 점을 정청래 의원이 국회에서 지적하자
오히려 '인간의 체온이 느껴지는 군 소식'이라면서.

우리가 사우디 왕을 만나려는데, 왕정부터 없애면 만나겠다고 할 수는 없지 않나.

°구영식 기자와의 인터뷰.
박근혜 정부 당시 남북관계 개선을 위해서는
김정은 위원장으로의 권력 승계를 일단 인정할 수밖에 없다면서.[72]

# 문재인 대통령이
# 김정은 위원장에게
# DMZ 역할을 하고 있다

2018년 5월 30일
〈tbs〉 '김어준의 뉴스공장'

1주기 추모 주간이 시작되기 전날 새벽꿈에 노회찬 의원이 나왔다. 감이 하나 있었다. 누군가가 그걸 집어 들어 입에 가득 물었다. 노회찬 의원이었다. 무는 모양새로 봐서는 홍시였던 것 같은데, 내게 전해진 느낌으로는 만두를 입에 가득 물었을 때의 표정이었다. 왠지 공기가 따뜻했다. '노회찬 대표님이 오셨네'라고 생각하는 순간 왼쪽 옆에서 그 모습을 지켜보는 이가 있었다. 누구지? 노회찬 의원이었다. 꿈이라 두 사람이 되어 나타나셨다. 꿈이니까 뭐.

아침에 일어나 컴퓨터를 켜고, '노회찬&홍시'를 검색했다. 그랬더니 나온 트위터 문구.

방금 마친 평창올림픽 개회식 식전 만찬에 디저트로 나온 '한반도'와 '철조망'. 초콜릿으로 만든 철조망을 우두둑 씹어 먹었습니다.[73]

감 얘기는 없는데? 아, 이날 디저트로 홍시도 나왔다. 노회찬 의원이 페이스북에 올린 사진. '한반도' 떡 양 옆으로 홍시 샤베트가 놓였다.

감으로 시작했지만, 관심이 가는 건 노회찬 의원이 우두둑 우두둑 씹어 먹었다는 '철조망' 디저트다. 한반도 평화를 위한 길은 멀고도 험하다. 제3자가 보면 엎치락뒤치락 흥미진진한 레슬링 경기 같을 테지. 비포장도로를 질주하는 자동차 같기도 할 테고.

1차 북미정상회담이 끝날 때까지만 해도 모든 것이 장밋빛이었다. 그 후로 장미는 시들었다 다시 꽃잎을 펼쳤다를 반복했다. 그중 어느 날 얘기다.

**노회찬** 결혼하지 말자고 해놓고 예식장 예약은 그대로 살려두고 있고, 그런 상황이었죠. 트루먼쇼가 아니라 트럼프쇼였습니다.

**김어준** 그러고 나서 그게 풀리는 과정도 극적이었습니다.

**노회찬** 푸는 과정에서 저는 오히려 비 온 뒤에 땅이 굳어지듯이 김정은 위원장의 뜻이 더 강력히 피력됐다고 보이고요. 사실 2차 남북정상회담이 깜짝쇼처럼 만들어지지 않았습니까? 그런데 김정은 위원장에게서 제안됐다는 점에서 공통성이 있고, 그리고 결국에는 한국을 통해서 북미정상회담을 끌어내는, 1차가 그랬는데 2차도 결국은 북미정상회담을 살려내는 그런 역할이 한국을 통해서 실현됐다는 점에서, 저는 이 과정을 보면서 문재인 대통령이 김정은 위원장에게 일종의 비무장지대, DMZ의 역할을 하고 있고, 트럼프 대통령에게도 DMZ의 역할을 하고 있는….

**문재인 대통령에 대한 노회찬 의원의 평가가 인상적이다.**

---

유례없이 '핵 구걸단'이 방미한 거죠. '한 핵 줍쇼' 이렇게. 정말 작년에 왔던 각설이들이에요.

°2017년 9월 20일 〈tbs〉 '김어준의 뉴스공장'.
자유한국당 의원들이 미국에 가 전술핵 재배치를 주장한 것에 대해.

---

시진핑 중국 국가주석이 한국에 와서 호텔에서 주는 화려한 한정식을 먹지 않고 종로에서 해장국을 먹는다면 그 노력과 자세, 열의에 대해 감복하지 않겠느냐.

°2017년 12월 20일 〈tbs〉 '김어준의 뉴스공장'.
문재인 대통령이 중국 방문 중 중국 식당에서
'혼밥'한 것에 대해 비판이 있자.

건물 유리창을 함부로 깨면 안 되죠. 그러나 불이 났고 그 안에 사람이 있으면 유리창을 깨서라도 사람을 구해야죠.

이 엉터리 합의를 우리 후손들에게 '어쩔 수 없으니, 합의했으니까 외교 관례상 참고, 안고 가자' 이렇게 할 순 없는 거죠.

°2018년 1월 2일 〈JTBC〉 '신년특집 대토론'.
박근혜 정부가 추진한 '위안부 합의'의 문제점을
문제인 정부가 지적한 것은 잘못되었으며,
이것이 한미동맹, 한일 관계에 심각한 문제가 될 것이라는
김성태 자유한국당 원내대표의 주장에 대해.

# 자연 친화적 교신 방법입니까?
# 에코 정책이에요?

2017년 11월 6일
국회 운영위원회 국정감사

최고 권력자가 해야 할 일을 하지 않거나, 안 해야 할 일을 하면 많은 사람이 고통받는다. 박근혜 씨가 대통령으로 있으면서 '개성공단'을 폐쇄해 수많은 피해자가 발생했다. 국회 앞에 개성공단 피해자들의 집회가 자주 열렸다. 그 절박한 얼굴들에 박근혜 씨 얼굴이 겹쳐 보였다. 통일은 대박이라더니.

의외의 피해자 중에는 정부부처도 포함된다. 박근혜 씨 덕에 국정감사장에 불려나와 노회찬 의원에게 지적받은 당시 국가안보실 차장도 그중 한 명이다. 2017년에 한국 어선 '391홍진호'가 북한 측 수역에서 조업을 하다 나포된 일이 있었다. 전직 게임 선수 홍진호 아니다. 어선 홍진호다. 정부는 이 사실을 며칠 동안 몰랐다. 노회찬 의원이

이 점을 국정감사에서 지적했다.

남북 핫라인이 있으면 실종된 배가 혹시 넘어갔나, 그쪽 보호 아래 있나, 확인 금방 되는 거 아닙니까. 그럼, 그다음부터는 헬리콥터 띄우고 러시아, 일본까지 공조해 그 넓은 해역을 무리하게 수색할 이유도 없는 것이고요. 근데 그게 안 된 겁니다. 언제부터 안 됐습니까? 개성공단 문 닫으면서부터 안 된 거죠.

개성공단 폐쇄 이후 남북 간의 소통이 완전히 단절된 점을 지적했다. 지금이야 최고 통치자끼리 손잡고 군사분계선을 넘어갔다 넘어왔다 하는 장면도 연출되는 시절이지만, 몇 년 전까지만 해도 전화 한 통도 넘어갔다 넘어오는 일이 없었다. 홍진호 전에 북한 어선들이 남한으로 넘어왔던 일도 있었다. 그때 북측에 알리기 위해 판문점에서 메가폰을 사용했다고 한다. 노회찬 의원의 말이다.

저는 다른 나라 언론에서 알까 봐 두렵습니다. 알면 이건 분명히 토픽 맡아놨습니다. 탑이에요, 이거는. 세상이 지금 어느 시대입니까? 어떻게 나라와 나라 사이에, 정부와 정부 사이에 비상한 사고를 해결하기 위해 교신을 하는데 메가폰으로, 육성으로…. 뭐, 자연 친화적 교신 방법입니까? 그런 거 계속 애용할 겁니까? 에코 정책이에요?

기후변화가 심각하다. 삶의 모든 면이 바뀌어야 한다. 없앨 건 없애
자. 남북 간 핫라인은 예외다.

---

요즘 군은 문무겸비를 지향하는 모양이죠?
소비 성향도 다르고요. 일인당 GDP 1만 달러 사단과 GDP 5
만, 7만 달러 사단이 따로….

˚ '노유진의 정치카페·전쟁 없는 70년, 끝까지 갈 수 있을까'.
김종대 당시 〈디펜스21〉 편집장이 출연해
"군 복무 중 시간강사 나가고 석박사학위 받는" 상황을 지적하고,
"병사들 사이에 제일 심한 갈등은 빈부갈등이고,
이것 때문에 위화감이 심하다"고 하자.[74]

---

안보가 안 보이면 어떻게 합니까?

˚ 2017년 4월 11일 〈KBS〉 '일요토론'.
사드에 대한 입장이 계속 바뀌는 다른 당의 입장을 비판하며.

---

국방부 장관께 묻겠습니다. 여러 사람이 집단적으로 마스크
쓰고 나타나면 간첩입니까?

˚ 2017년 11월 2일 국회 국정감사.
홍진호 선원에 대해 자유한국당 김진태 의원이
나포당했다 풀려난 선원들이

왜 마스크를 쓰고 있느냐고 문제 제기를 하고,
또다른 의원이 북한 특수부대요원설을 제기하자.

포클레인을 만들었더니 그 위에 뭐 좀 얹히면 탱크 되는 것
아니냐, 그 이야기예요.

°2016년 2월 15일 북한이 쏜 인공위성을
장거리 미사일이라고 하는 주장에 대해.[75]

이제 독도 문제는 독도에서 해결되지 않는다.

°2006년 4월 23일 '난중일기'.
독도 문제에 관한 한 '조용한 외교'를 끝내고
보다 전략적 고민을 해야 한다고 주장하며.[76]

# 다른 나라들처럼 3월 8일 무렵에는 꽃 값이 세 배나 오르길 바랍니다

2005년 3월 2일
노회찬 의원실 보도자료

2005년 3월 2일 오후 5시 32분! 한 세기 동안 여성에게 억압과 굴종의 굴레가 되어왔던 호주제가 역사의 뒤안길로 사라졌다! 오늘은 기쁜 날!

민법 개정안이 국회를 통과한 이날, 노회찬 의원은 위 문장으로 시작하는 보도자료를 냈다. '부계 중심의 가족 개념이 부계와 모계를 평등하게 포괄하는 양성 평등적 가족 개념으로 대체'되었다는 게 이날 보도자료의 취지였다. 노회찬 의원이 국회의원이 되고 나서 가장 먼저 발의한 법안이 호주제 폐지 민법 개정안이었다. 노회찬 의원은 성평등에 대한 관심이 남달랐다.

처는 저와 같은 활동을 하던 사람이었습니다. (중략) 먼저 집에 들어오는 사람이 청소든 빨래든 요리든 합니다. (중략) 저는 장 보는 걸 좋아해서 외국 가도 재래시장 가서 '쌍둥이표 생선회 칼' 같은 것을 사 와 자랑합니다. 처음에는 가사 분담을 반반 하기로 했는데, 결과를 놓고 보면 바쁘다는 이유로, 핑계로 아내가 가사부담 하는 비율이 저보다 훨씬 많습니다.[77]

이런 사람이었기에 노회찬 의원은 성평등 문제에 누구보다 큰 관심을 가지고 있었다.

비정규직 문제도 차별이잖아요. 남녀 차별도 문제인 것이고요. 그런 점에서 저는 차이를 차별로 폭력적으로 다뤘던 과거 시대의 폐습, 폐단을 없애나가는 것이 적폐청산이다 (생각합니다).[78]

'여성의 날'도 각별히 챙겼다. 지인들에게 꼭 장미를 나눠줬다. 1908년 미국 여성 노동자들이 뉴욕에 모여 "빵과 장미를 달라"면서 시작된 '여성의 날'이다. 여성 오피니언 리더들부터 여성 당직자, 여성 보좌진, 국회 여성 청소 노동자, 국회 출입 여성 기자 들에게 꼬박꼬박 선물했다. 꽃 값 꽤 들었을 것 같다.

뜻깊은 '세계 여성의 날'을 맞이하면서 저는 한국의 여성권한지수

GEM가 여전히 세계 최하위를 벗어나지 못하고 있다는 유엔개발계획UNDP의 통계발표 앞에서 부끄러움과 죄스러운 마음을 감추기 어렵습니다. (중략) 3월 8일을 명절처럼 보내는 세계 각국의 관례대로 축하와 다짐과 반성의 마음을 담아 장미꽃 한 송이를 보냅니다. 다른 나라들처럼 3월 8일 무렵에는 꽃 값이 세 배나 오르길 바랍니다.[79]

---

노래방 가면 자신의 애창곡 18번 없는 사람 없습니다. 자신의 요리 18번이 없다면 남자가 아닙니다. 라면은 18번이 될 수 없습니다. 애국가를 18번이라 우기는 것과 마찬가지입니다. 부엌을 사랑합시다. 가족이 행복해집니다.
°2010년 2월 22일 곰치국을 만든 뒤.
물론 남자가 잘하는 요리 하나만 있으면 된다는 이야기는 아니다.[80]

---

시간이 지나면서 나의 음식 만들기 메뉴는 계속 혁신되어갔다. 매생이굴국에서 프랑스식 홍합 찜요리로, 표고버섯 가니쉬를 곁들인 비프스테이크를 거쳐 최근엔 중국 광저우식 생선 찜요리인 칭쩡위로 동서양을 망라하였다. 그러나 동시에 음식 만들기는 뜸해졌고 성격도 변질되어갔다. 생활의 일부에

서 민심 이반을 수습하기 위한 일회성 이벤트로 전락해갔다.

° 2013년 3월 11일 '난중일기'.

지난날을 후회하며.

# '82년생 김지영'을
# 안아주십시오

2017년 8월 29일
예스24 여름문학학교[81]


노회찬 의원은 《82년생 김지영》에 대한 애정이 각별했다. 문재인 대통령에게 선물했을 정도다.

존경하는 문재인 대통령님께, '82년생 김지영'을 안아주십시오.

노회찬 의원과 조남주 작가가 만난 자리가 있었다. '예스24 여름문학학교'였는데, 거기서 나온 이야기다.

처음 읽었을 때 '이 책이야말로 남자들이 많이 읽어야 한다'고 당연히 느꼈습니다. 물론 저는 이 책의 에피소드 하나하나를 생전

처음 듣는다고 느껴진 않았습니다. 성평등 문제를 계속 강하게 주장하고 대안과 정책을 연구해왔기 때문입니다. 그러다 보니 저도 모르게 '나는 좀 안다'고 생각했던 것 같아요. 그러나 이 책에 몰입해서 당사자의 기분을 조금이나마 느껴보니 당사자가 아니면 알 수 없는 부분이 많다는 걸 깨달았습니다. 남자가 최고의 스펙인 대한민국의 많은 제도, 문화, 관습을 깨기 위해서라도, 차이를 차별로 만드는 야만으로부터 탈출하기 위해서라도 많은 남성이 이 책을 접해야 한다고 생각합니다.

이런 말도 했다.

제가 실제 김지영 씨의 처지가 됐다고 상상하니 온몸이 쭈뼛쭈뼛 서더라고요. 당사자가 아니면 알 수 없는, 심연의 문제가 있다는 것을 이 책을 통해 알게 됐습니다.[82]

심연의 문제. 그렇다, 심연의 문제다.

노회찬 의원은 노동운동을 하면서 여러 가명을 썼다. 이동수, 최형기, 김명시… 이 가운데 김명시는 항일무장투쟁에 참여했던 여성 독립운동가 이름이다.[83] 나는 한참 잘나가는 사람들 이름을 썼다. 예를 들면 박찬호 같은. 비교된다.

독일의 혁명가 로자 룩셈부르크는 칼 리프크네히트와 함께 1919년

독일 사민당에 의해 살해되고 하천에 버려진다. 1871년생이고 1919년에 죽었으니 1971년생인 나보다 100년 전에 태어났고, 이 책을 쓰고 있는 2019년보다 100년 전에 죽었다.

로자 룩셈부르크가 죽은 바로 그 나이에 나는 베를린에 출장차 갔다가 로자 룩셈부르크가 버려진 운하와 그의 묘지를 방문했다. 거기서 생각난 건 노회찬 의원이었다.

1996년 6월 동베를린 외곽 프리드리히펠데 묘지를 방문했을 때 그녀는 혁명가, 사회주의자, 반나치스 투쟁가, 스페인 내전으로 숨진 사람들과 함께 잠들어 있었다. 그녀의 이름인 장미를 바치고 독일 소주를 올렸다.

2004년 총선 당시 노회찬 사무총장이 총선을 거치며 썼던 《힘내라 진달래》에 나오는 대목이다. '여성의 날'마다 노회찬 의원이 나누는 장미는 '빵과 장미'의 '장미'이기도 하고, '로자 룩셈부르크'의 '로자'이기도 한 걸까.

———————

젊은 남자들에게 요리 좋다, 배우면 쓸모 있다, 결혼생활에 필수다 (합니다). 남자들은 여성과 달리 평소 요리할 기회가 적잖아요. 그러니 돈을 주고 배워야 된다, 대부분 개념이 잘 정립되어 있지 않기 때문에 요리를 배워야 된다 (하는 거예요). 또한 부류는 퇴직하시는 분들. 생존을 위해 요리사 자격증을 따셔야 합니다. 평생 얻어먹었으니 이제는 아내를 위해 요리를 만들 줄 아는 여생을 보내세요.

°2018년 6월 2일 포항 〈MBC〉 인터뷰.[84]

박근혜 후보에 대해 "단아하고 조신한 몸가짐으로 한국 여성의 품격을 세계 앞에 보여왔다"는 황우여 대표의 발언이 보여주는 여성관이 가관이다.

°2012년 11월 1일 이 점을 심상정 대표도 지적했는데, 이에 대해 새누리당은 사과를 요구했다. 노회찬 의원의 답은 이랬다. "새누리당 대표가 심 후보에게 '전 세계 여성들에게 사과하라'고 한다. 그렇다. 성평등 108위 집권 여당 박 후보가 만에 하나 당선된다면 심 후보와 우리는 전 세계 여성들에게 사과해야 한다. 진심으로."

# 붉은색이 주황색을 차별하지 않듯 짜장면이 짬뽕 차별하는 경우도 없다

2007년 6월 16일
'성소수자와 함께하는 간담회'

존재하지 않는 것처럼, 혹은 존재하지 말아야 할 것처럼 취급되는 존재는 못된 사람들만이 아니라 선량한 사람들에게도 차별받는다. 모두가 존중받는 사회는 그래서 말처럼 쉽지 않다.

노회찬 의원은 성소수자의 인권에 대해서도 관심이 컸다. 활동가들의 분투로 지금은 전국 각지에서 퀴어축제가 열리고 많은 사람이 참석하지만, 초창기에는 그렇지 않았다. 그때 축제에 함께했던 사람 중에 노회찬 의원도 있었다.

노회찬 의원은 1990년대 중반 미국 샌프란시스코를 방문했다가 무지개 깃발이 가게에 꽂혀 있는 것을 보고 감동받았다고 했다. 그 이후 성소수자 문제에 대해 발언을 아끼지 않았다. 2007년에는 '성전환자성별변경특례법', 2008년에는 '차별금지법'을 발의하는 등 입법 작업도 소홀히 하지 않았다.

붉은색이 주황색을 차별하지 않듯 짜장면이 짬뽕 차별하는 경우도 없다.

노회찬 의원이 홍석천 씨의 이태원 카페에서 '성소수자와 함께하는 간담회'를 한 적이 있다. 그때 했던 말이다. 이날 행사에서 노회찬 의원은 자신을 '붉은 삼반'이라고 소개했는데, 처음 듣는 말이었다.

이반보다 뒤늦게 각성한, 그러나 그를 따라가려고 노력하는 것이 삼반.

이런 설명이었다. 동성애자들은 스스로를 '일반'과는 다른 사람이라는 의미로 '이반'이라고 부른다. 일반은 '일반적'이라고 할 때의 그 '일반'이다. 이성애자가 일반이라면 동성애자는 이반이다. '다를 이異' 자를 쓰는 걸로 알고 있다. 노회찬 의원은 여기에 숫자 하나를 더 추가했다. 색깔도 넣었다. '붉은 삼반.'

기독교계 일부에서는 성소수자 때문에 나라가 망할 것처럼 말하고, 최근 몇 년 사이에는 '성평등' 말고 '양성평등'을 주장하기도 한다. 원래 양성평등도 싫어했지만, 더 강한 적이 나타나니 그 정도에서 타협

볼 생각인 것인가. 성평등은 모든 성이 평등해야 한다는 이야기이므로 양성평등보다 더 넓고 옳은 개념이다.

혐오 세력은 성소수자가 '정신병'에 걸린 사람인 것처럼 굴기도 한다. 고칠 수 있다는 것이다. 분명히 말하는데, 질병 아니다. 만약 이것이 질병이었다면, 대형 제약회사들이 왜 신약을 개발하지 않았겠나. 절호의 기회인데 말이다. 이런 기회를 놓칠 제약회사들이 아니다.

마찬가지다. 왜 대형병원들에는 성소수자라는 질병을 다루는 진료과가 없나. 생명보험사들은 그리고 국민건강보험공단은 무얼 하고 있고, 보건복지부는 왜 업무를 태만히 하는가.

비성소수자 가운데는 성소수자가 '이상하거나 신기하다'고 생각하는 이가 있을 수 있다. 사람에게 그러는 거 아니다. 여전히 그런 감정이라면, 나는 박근혜, 이명박 같은 사람들이 더 이상하고 신기하다고 말하고 싶다. 나는 이 사람들이 법을 어기지 않는 한, 아니 법을 어겨도 그 존재를 부정하지 않을 것이다. 인권은 그들에게도 보장되어야 한다.

---

내가 축구 좋아한다고 해서 농구 좋아하는 사람 차별할 겁니까?

°2017년 5월 6일 안양 평촌중앙공원 심상정 대선 후보 지지 유세.
텔레비전 토론에서 동성애는 찬반의 문제가 아니라고 발언했던
심상정 후보를 옹호하며.

# 5장

# 비전 제시자
# 노회찬

노회찬 의원은 꿈을 향해 쉬지 않고
달렸다. 거대 양당이 수십 년간 주도하는
정당 체계를 바꾸기 위해 분투했다.
선거제도를 개혁하기 위해 누구보다 앞서
움직였다. 진보세력이 집권하는 날, 모든
국민이 악기 하나쯤은 연주할 수 있는
나라를 만들어보겠다는 소망은 그의 말로
모두의 가슴에 남아 있다.

저의 경쟁 상대는 민주당 사무총장도,
한나라당 사무총장도 아닙니다,
저의 경쟁 상대는 유엔사무총장입니다[1]

2003년 3월
민주노동당 대의원대회

2000년 창당 이후 2004년 첫 원내 진출을 이루기까지 민주노동당은 그야말로 자신에게 주어진 역사적 사명을 현실화시키기 위해 동분서주했다. 활동가들은 항상 진지했고, 분위기는 엄숙했다.

"거, 실없는 소리 좀 그만하세요."

각종 당내 회의에서 노회찬은 그 와중에 농담을 즐겨 했는데, 덕분에 회의 중 종종 구박을 받았다. 진지한 분위기에서 불현듯 등장하는 노회찬의 유머에 다른 역전의 용사들은 익숙하지 않았던 모양이다. 그래도 노회찬은 유머를 멈추지 않았다.

2002년 3월 노회찬은 사무총장으로 단독 출마해 당선되었다. 그때 대의원대회에서 그는 이렇게 유세했다.

저의 경쟁 상대는 민주당 사무총장도, 한나라당 사무총장도 아닙
니다. 저의 경쟁 상대는 유엔사무총장입니다.

반기문이 움찔할 농담이었다. 사람들은 폭소를 터뜨렸다. 진보정당
은 다른 보수정당이 아니라 세계 전체를 놓고 싸우는 세력이라는 결
기가 아니었을까.

농담 속에 들어 있는 담대한 전망, 그 전망을 유머에 담아 이야기할
수 있는 사람의 깊이란 어떤 것일까. 경계를 훌쩍 뛰어넘는 사고는 요
즘 같은 때 무엇보다 정치인, 특히 진보정치인에게 필요한 덕목이다.
동시에 생소할 수 있는 비전을 익숙한 삶 속 언어로 말할 수 있어야
많은 사람이 함께할 수 있다.

"나의 꿈은 유엔사무총장입니다"라는 말은 나에게 이런 의미였다.
당시 시대의 한계를 뛰어넘어 제시되었던 무상의료, 무상교육, 서울대
폐지 같은 정책들, 그 연장선에서 나온 것은 아니었을까.

## 50년 동안 똑같은 판에다
## 삼겹살 구워 먹으면
## 고기가 시커메집니다,
## 판을 갈 때가 이제 왔습니다[2]

2004년 3월 20일
〈KBS〉 '심야토론'

"간신히 3퍼센트대를 유지하던 자민련의 정당득표율은 자정쯤 2.9퍼센트로 떨어지고 맙니다. 이후 2.9퍼센트와 3퍼센트 사이를 오락가락하기 두 시간. 김종필 후보와 노회찬 후보의 당락도 덩달아 엎치락뒤치락한 두 시간이었습니다. 하지만 새벽 두 시가 지나자 2.9퍼센트는 3퍼센트로 돌아오지 못했습니다. 차이는 불과 0.1퍼센트. 결국 0.1퍼센트 때문에 보수정객 김종필은 퇴장하고 노동운동가 출신 노회찬은 한국 정치의 전면에 화려하게 등장했습니다."

2004년 4·16총선 다음 날, 〈MBC〉 뉴스는 지난 밤 노회찬의 당선을 이렇게 보도했다. 그때 노회찬 민주노동당 사무총장은 299명의 국회의원 가운데 299번째로 당선이 결정됐다.

총선이 있기 세 달 전인 1월 10일, 노회찬은 서울 은평지구당 후보 선출대회에서 축사를 했다. 축사 맨 마지막은 이랬다.

김종필 총재의 10선 등극이 좌절되는 낭보를 준비 중입니다!

축사를 이렇게 하긴 했지만, 노회찬은 그 낭보를 이뤄낼 당사자가 본인이 될 것이라는 점은 알지 못했을 것이다. 김종필의 10선 등극이 좌절된 것보다 대한민국 정치의 더 큰 낭보는 노회찬이라는 정치인의 등장이었다. 사실 그의 화려한 등장은 2004년 총선 텔레비전 토론 당시 이 말이 공전의 히트를 기록하면서부터였다.

한나라당과 민주당, 고생하셨습니다. 이제 퇴장하십시오. 50년 동안 썩은 판을 이제 갈아야 합니다. 50년 동안 똑같은 판에다 삼겹살 구워 먹으면 고기가 시커메집니다. 판을 갈 때가 이제 왔습니다.

이 말이 놀라운 건 새로운 프레임을 익숙한 언어로 제시하는 그의 능력 때문이다. 이때까지 지역주의는 완강했다. 유권자들은 늘 찍던 정당을 찍는 데 수십 년간 익숙해져 있었다.

오래된 관습을 바꾸는 건 쉬운 일이 아니다. 기존의 상식과 맞서야 하고, 새로운 관습이 기존의 관습보다 더 큰 효용을 줘야 가능한 일이다. 당연히 진보정당은 자신의 노선을 대중의 언어로 풀어내는 데 미숙했다. 거대 양당이 아니라 새로운 정당, 그것도 진보정당이 필요하다는 낯선 주장을 삼겹살 불판이라는 익숙한 언어에 실어 친숙하게 풀어낸 노회찬은 프레임을 변화시키는 가장 효과적인 방법을 알고 있었다.

차떼기 야당, 탄핵 야당, 냉전 야당, 지역주의 야당…. 이런 야당들은 이제 좀 물러서야 됩니다. 이제 역할이 거의 다 끝났거든요! 면허 정지가 아니라 다 취소되는 상태예요, 지금 상태가. 물론 개중엔 장롱면허도 있는 것 같은데….

°2004년 4월 3일 〈KBS〉 '심야토론'.

지역마다 부족이 있어 신라에 사는 사람은 신라 찍고, 백제에 사는 사람은 백제 찍고, 고구려에 사는 사람은 고구려 찍습니까?

°2017년 5월 6일 안양 평촌중앙공원 심상정 대선 후보 지지 유세. 출신 지역을 보고 지지 후보를 결정하지는 말자고 호소하며.

지역주의의 비중은 점점 작아져야 합니다. 탈지역주의, 정책

중심, 정체성 중심으로 나아가야 합니다. 빨강이든 파랑이든
색깔을 진하게 가져야 합니다.

     °2017년 5월 6일 안양 평촌중앙공원 심상정 대선 후보 지지 유세.

─────────

범죄소굴에 형사가 나타났는데 비상이 걸리지 않을 수 없다.

     °2004년 1월 12일 〈언론노보〉에 게재한 칼럼에서
     민주노동당 의원들을 가장 겁낼 사람들은 모두
     다른 당 국회의원들이라면서.[3]

─────────

촛불집회의 배후는 열린우리당이나 노사모가 아니고 한나라
당과 민주당입니다.

이전에는 대통령이 골칫거리인 줄 알았는데, 야당이 골칫거리
입니다. 한국의 야당은 죽었습니다. 누가 죽인 것이 아니라 자
살했습니다.

한나라당과 민주당의 노 대통령 탄핵은 길 가다가 부딪혔는
데 사과 안 했다고 칼로 찌르는 불량학생과 뭐가 다릅니까?

     °2004년 3월 20일 〈KBS〉 '심야토론'.

─────────

그것까지 다 합쳐서 18페이지예요.

     °2002년 11월 23일 〈KBS〉 '시사토론회'. 이 부분의 대화 전체는 이랬다.
       **노회찬** 국민통합21의 홈페이지를 한번 들어가보십시오.
     정책이라고 해가지고 18페이지짜리 하나 있습니다. 별로 없기 때문에
     다룰 것도 크게 없어요. 국민통합21에는 축구공하고

돈은 있을지 몰라도 정책은 없습니다. 18페이지 정당이에요.

**김민석**  우리 노회찬 총장님께서 국민통합21 홈페이지를 말씀하시면서
18페이지로 정책이 하나도 없는 것 같다는 말씀을 하셨는데,
아마 충분히 연구하고 하신 말씀이실 줄은 알지만
홈페이지를 보셨다면 그 외에 신문기사도 보셨을 걸로 알고 있고요.
가령 국정원을 개혁하는 문제라든가 국세청장의 임기제 문제라든가
교육부를 지방자치의 권한으로 돌리는 문제라든가 하는
상당히 획기적인 평가를 받거나 또는 쟁점이 되고 있는 정책들이
이미 나오고 있었다는 점을 정당하게 평가하는 것이
옳지 않을까 생각이 듭니다.

**노회찬**  그것까지 다 합쳐서 18페이지예요.

# 여기까지 타고 온 1987년식 낡은 자동차를 이제는 새 자동차로 바꿀 때가 되었습니다[4]

2017년 1월 12일
신년연설


최순실·박근혜 게이트는 20~30년간 켜켜이 쌓인 문제가 터져 국민이 분노한 것입니다.

여기까지 타고 온 1987년식 낡은 자동차를 이제는 새 자동차로 바꿀 때가 되었습니다.


촛불혁명이 정치 변화로 이어지려면 두 가지가 바뀌어야 한다. 하나는 여당, 또 하나는 야당. 여당은 조기 대선으로 바꿨으니, 남은 건 야당, 그중에서도 제1 야당을 바꾸는 일만 남았다. 노회찬 의원도 생전에 '제1 야당 교체'를 쉼 없이 주장했다. 그런데 이게 말처럼 쉽지 않다. 대한민국 정치가 '여당 교체 체제'를 갖추는 데만 30년 넘게 걸렸다. 한국 정치에서 이런 '선수 교체 시스템'은 시민혁명이 있고 나서야 겨우 한 번씩 생겼다. 항상 그런 시스템 변경이 보장된 것도 아니다. 한 번은 반혁명으로 제도가 오히려 후퇴했고, 또 한 번은 미완의 혁명으로 제도 개선이 반쯤만 성공했다.

4·19혁명 이후 30년 동안 실질적 1당 독재 아래서 민주주의는 없었다. 1987년 6월항쟁 이후 30년은 양당체제 아래서 정치 영역의 민주주의 확대라는 성과를 이뤄냈다. 항쟁이 벌어지고 나면, 그 분위기가 천년만년 이어질 순 없으니, 항쟁의 정신을 제도로 만들고, 그 제도를 유지·발전시킬 대리자를 뽑는 작업이 뒤따르는 건 당연하다.

한국에서는 그때마다 선거제도가 바뀌고, 그 후 30년 유지될 정당들의 '질서'가 자리 잡는 과정이 동반되었다. 그것이 보통 3년 안에 정리되는 게 한국 정치였다. 과학적인 분석까지는 아니지만, 패턴이 그랬다.

2017년 이후 3년이 되는 시점인 2020년 총선에 앞선 두 번의 시민혁명이 그랬던 것처럼, 과거와 다른 정당질서가 만들어질 것인가.

관전자에게는 흥미로운 게임이지만, 당사자들에게는 다시 없을 피말리는 싸움이다. 그런데 이 경기에서는 관전자 대부분, 그러니까 국민 모두가 당사자다.

산천어, 열목어가
갑자기 나타났다고 자랑인데,
이들도 3급수, 4급수에서는
돌연변이가 아닌 이상
살아남기 힘들어요

2004년 4월 3일
〈KBS〉 '심야토론'

한국 정치를 망친 요인 중 하나는 영입의 정치다. 정당정치가 제대로 자리 잡지 못한 곳의 특징이다. 정부 수립 이후부터 정당은 계속 있었지만 오래 되었다고 잘하는 건 아니다.

베를린에 방문할 일이 있었다. '진보정치 4.0'이라는, 정의당의 청년 정치인 육성프로그램의 책임자로서였다. 거기서 만난 청년 정치인들은 나와 정당 활동 기간이 비슷했다. 기민당, 사민당, 좌파당, 녹색당에서 모두 20대 청년들이 나왔고, 대부분 14세 때부터 정당 활동을 시작한 베테랑들이었다. 유럽에서는 10년 경력을 넘어서는 청년 정치인이 많다. 정치인이 전문 직업인으로서 인정받는다.

우리는 출세한 사람들의 인생 2모작 대상이 정치다. 이러니 정치인의 전문성 같은 건 찾아보기 힘들다. 따라서 정치와 상관없던 사람이 '전문성'을 앞세워 정치권에 영입된다. 당의 노선과 가치를 습득하지 않아도 된다. 경청하고 조정하는 정치의 본질을 훈련받지 않아도 괜찮다. 그보다는 유명한 게 우선이고, 그럴듯한 전문 직업인이어야 대우받는다.

한국에서는 정치 초년생이 당대표를 맡는 일쯤이야 흔하다. 의사가 건축설계를 할 수 없고, 변호사가 축구 감독을 할 수 없지만, 정치에서는 의사가 나랏일을 설계하고, 변호사가 플레이를 감독한다. 그래도 정치 잘하는 의사나 변호사가 있다고? 이런 정치문화에서 그런 사람들이 나왔다는 건 우연이다. 다행스럽지만 추천할 만한 일은 아니다.

정당에서 훈련받은 사람들이 정치인으로서 전문성을 가지고 정치를 해야 한다. 정치는 누구나 할 수 있지만, 아무나 해서는 안 된다.

사람을 보고 찍겠다는데, 선거 때만 되면요, 갑자기 어디서 산천어, 열목어 다 나타납니다. 다 깨끗하다 이거죠. 그런데 우리가 이제까지 경험해봤지만, 깨끗하다는 산천어, 열목어 선택해봤자 3급수, 4급수가 들어가 있는 정당에다가 넣어버리면 곧 물고기가 죽습니다.

선거 때만 되면 '영입'으로 난관을 돌파하려는 행태는 한국 정치의 두드러진 특징이 되었다. 총선을 거치고 나면 유난히 초선 의원이 많은 것도 이 때문이다. 게다가 영입의 정치는 매번 한국 정치의 발목을 잡아왔다. 산천어, 열목어는 꾸준히 들어오지만, 물은 수십 년간 3급수, 4급수였으니까.

참신한 신인이 그렇게 많이 공급되는데도, 참신함이라고는 하나도 없는 분야, 정치 말고는 찾아보기 힘들다.

---

완전히 새판으로 갈렸으면 희망했는데…. 막상 다른 판이라고 가져왔는데 보니까 한 2~3년 된 중고 판이어서 고민이 많습니다. 지난번 판보다는 괜찮은데 군데군데 세척이 덜 된 곳도 있고, 굽다 만 고기도 그대로 남아 있고. 물론 새 고기도 좀 온 것 같은데 완전히 새 고기는 아니고요.(웃음) 그런데 보도를 보니까 70퍼센트가 새 고기라고 하더군요.

°2004년 4월 22일 〈YTN〉 '백지연의 뉴스Q'.
총선 후 판이 좀 갈렸는지 묻는 진행자 질문에.

---

3급수에다가 2급수를 타면 그게 2급수 됩니까? 조금 더 나은 3급수지. 국민은 1급수를 원하고 있어요. 마실 물을 원하고 있는데 왜 3급수에다가 2급수를 타고 있느냐 이거예요.

°2004년 1월 15일 〈MBC〉 '100분 토론'.

울산바위는 울산에 있어야 한다.

°2006년 1월 31일 '난중일기'.
금강산 일만이천봉을 만들겠다고
울산에서 그 바위를 올라오게 만든 건
신이 잘못한 일이라며 '정치권의 영입의 정치를 비판'했다.
그나마 설악산 근처에 머물러 다행이지만,
그냥 울산에 있었으면 더 명물이 됐을 거라고.[5]

학교에서 학생들이 이 정도로 학생의 본분을 다하지 못하면
유기정학 내지 무기정학입니다. 우리나라 국회의원들이 우리
국민이 보기에는 유기정학 내지 무기정학 감이에요. 그러면
이번 선거 다 안 나와야 됩니다. 한 4년 동안 유기정학 당해야
돼요.

°2004년 1월 15일 〈MBC〉 '100분 토론'.

# 야당으로 따지면,
# 건전 야당과 불건전 야당이 있습니다

2018년 4월 5일
〈JTBC〉 '썰전'


정의당이 여당인지 야당인지 모르겠다는 사람들이 있다. 이게 선거제도의 폐해다. 당은 여당 아니면 야당이다. 거대 양당이 주도해온 정치판에서 여당과 야당은 경계가 매우 명확하다. 집권한 여당과 집권하지 못한 야당.

정체성보다 중요한 것이 여당인가 야당인가 하는 점이다. 집권하기 전에 반대했던 정책을 집권 후에 추진하고, 집권할 때 밀어붙였던 정책을 야당이 되면 반대하는 일이 비일비재한 것도 이 때문이다. 정체성이 중요한 게 아니다. 야당은 여당에 무조건 반대하는 당, 여당은 야당의 반대에도 불구하고 밀어붙이는 집권세력인 당이다. 그뿐이다.

만약 다당제에 협치가 자리 잡은 곳이라면, 다양한 당이 자신의 정체성을 풀풀 뿜으면서 다른 당과 다양한 관계를 맺는다. 그러다가 때로는 여당을 비판하기도 하고, 때로는 공조하기도 한다. 어떤 당은 제1당과 연합해 집권당이 되기도 한다. 우리는 이게 없으니 헷갈린다.

언론사들도 국회에는 야당반이 있고 여당반이 있는데, 여당반에서 정의당을 담당하는 경우가 있다.

"윤석열 검찰총장 임명 강행… 야당 반발"6

이때 정의당과 민주평화당은 반발하지 않았지만, 기사 제목은 이런 식이었다. '보수 야당'이라고 좀 넣어주든가.

김성태 자유한국당 원내대표가 2018년 1월 〈JTBC〉 '신년특집 대토론'에서 자신들을 비판하는 노회찬 의원에게 "야당이 야당보고 그러는 게 어디 있어요. 거 참, 대한민국에서 희안한 야당 다 봤어요. 야당 맞아요?"라고 했다. 정치에는 여당과 여당에 반대하는 야당만 있다는 사고방식이 아니면 나올 수 없는 멍청한 말이다. 이날 노회찬 의원의 답변은 꽤 알려져 있다.

야당을 제대로 안 해봐서 야당이 뭘 해야 할지 잘 모르는 거예요. 그러니까 탄핵당했지.

노회찬 의원의 또다른 구분법도 소개한다.

(정치권을) 범여권, 범야권으로 분류하면 안 됩니다. 여당은 하나이

고 나머지는 야당인 것입니다. 다만 야당 중에 범보수, 범진보가 있는 것이죠.

야당으로 따지면 건전 야당과 불건전 야당이 있습니다. (중략) 불건전 야당, 영업정지되어야 마땅한 야당들은 따로 있어요.

불건전 야당은 없어지는 게 정답이다. 건전 야당이 성장해야 대한민국 정치가 건강해진다. 2004년 민주노동당 국회의원 10명이 탄생했을 때가 기억난다. 누구는 점퍼를 입고, 누구는 도포를 휘날리고, 누구는 양복 정장 차림으로 국회 본청에 나란히 들어섰다. 그렇게 노회찬 의원은 국민을 향해 나아갔다.

자유한국당은 국민을 견제하고 있습니다. 자유한국당은 여당을 반대하는 것이 아니라, 대한민국을 반대하고 있어요.

국민을 견제하고 대한민국을 반대하는 세력과의 일전은 계속되고 있다.

# 한반도에서는 핵무기가 없어져야 하고, 대한민국에서는 자유한국당이 없어져야 합니다

2018년 5월 2일
정의당 경남지방선거승리전진대회

2018년 지방선거 당시, 경남지방선거승리전진대회에서 노회찬 의원은 이렇게 강조했다.

지금 한반도와 대한민국에 없어져야 할 게 두 개입니다. 한반도에서는 핵무기가 없어져야 하고, 대한민국에서는 자유한국당이 없어져야 합니다. (중략) 자유한국당을 없애기 위해 정의당이 만들어졌습니다.

자유한국당은 없어져야 할 당이 맞다. 노회찬 의원은 그 점을 분명하고 단호하게 기회가 있을 때마다 말했다.

지난 10년간 자기들(자유한국당)이 배출한 대통령이 두 명인데, 둘 다 지금 구속돼 있잖아요. 그렇게 되면 이 당은 가만히 있어도 되느냐? 당이 '이번 선거는 쉽겠다'라거나 해체해야 합니다. 제가 이 자리 와서 여러 번 이야기하는데, 자기들이 배출시킨 대통령이 두 명이나 구속됐는데, 뭘 가지고 또 나와서 찍어달라고 합니까?[7]

자유한국당은 한국 정치에서 제일 뿌리 깊은 나무다. 친일파가 망친 나라의 친일파들, 친미파가 흔들어놓은 나라의 친미파들, 부자가 다 해먹는 나라의 부자들, 기득권층만 행복한 나라의 기득권층들…. 그들이 모인 정당이 자유한국당이다. 그러니 자유한국당이 없어지는 건 한국 정치의 커다란 진전이다.

요즘 걱정되는 게 따로 있다. 자유한국당의 소멸이 아니라 우리공화당(구 대한애국당)과 자유한국당의 경쟁으로 극우 보수를 위한 새로운 토양이 다시 만들어지고 있는 상황. 촛불이 만들고자 했던 나라는 이런 나라가 아니었다.

대한애국당 시절의 당가를 혹시 들어보았을지 모르겠다. 조원진 대표가 직접 작사했다. 집회에서 그는 당가를 직접 부르기도 한다. 오른손 주먹을 굳게 쥐고 팔뚝질을 하면서.

"가시밭길로 가자. 고통의 칼날에 서자. 동지들이여 두려워 마라. 우리가 반드시 이긴다."

이런 선동으로 시작하는 당가는 "모여라 손에 손을 잡고. 외쳐라 대한애국당"으로 이어진다.

2019년 4월 창원 보궐선거에서 정의당 당직자들은 마침 여영국 후보 선거사무실 바로 옆에 당시 대한애국당 후보의 선거 차량이 늘 당가를 틀어놓고 주차해 있어서 당가를 외울 지경이었다. 대한애국당 당가를 흥얼거리며 여영국 후보의 홍보 내용을 정리하던 당직자의 모습이 떠오른다. 우리공화당으로 이름을 바꾼 뒤 당가를 수정했는지는 모르겠다. 그것까지 알아볼 정성은 없다.

홍문종 의원은 대한애국당으로 당적을 옮긴 뒤에 흥분에 찬 목소리로 "대한애국당 입당 후 집회 가보셨어요? 대통령 된 것보다 더 좋습니다"라고 정의당 의원 한 분에게 말했다고 한다.

들리는 말로는 요즘 우리공화당 사람들이 과거 운동권의 행태를 연구 중이라고 한다. 집회는 어떻게 하는지, 연설 방법은 무엇인지, 행진을 위력 있게 하려면 무엇이 필요한지 같은 것들 말이다. 집회는 우리가 당신들보다 한참 선배다.

우리공화당의 기세가 무섭다. 더 늦기 전에 정의당이 어서 성장해야 한다.

---

**진행자** 자유한국당 후보들이 10퍼센트 조금 넘어요. 옛날처럼 30퍼센트 가는 게 아니고. 심상정 후보가 한 5퍼센트 나

오고. 얼마 안 남았어요, 따라잡으려면.

**노회찬** 자유한국당은 마이너리그니까 별로 염두에 두진 않습니다. 마이너리그고, 사실은 존재하는 것도 좀 불편한 거죠.

°2017년 3월 14일 〈SBS〉 라디오 '정봉주의 정치쇼'.

자기중심적인 시각으로 보는 사람에겐 자신의 왼쪽에 있으면 다 좌파입니다. 그러니까 극우파에겐 삼라만상이 다 좌파입니다. 약간 멀면 극좌파죠. 극우파 오른쪽엔 절벽밖에 없습니다. 물론 절벽 밑엔 자민련 등이 떨어져 있죠.

°2009년 8월 10일 트위터.[8]

# 제가 자유한국당 원내대표라면, 자유한국당 수명 단축에 모든 노력을 다하겠습니다

2018년 7월 5일
〈JTBC〉 '썰전'

자유한국당 비판에 노회찬 의원은 말을 가리지 않았다. 노회찬 의원의 가장 날 선 말은 늘 자유한국당을 향했다.

**안상수** 사실은 우리 당 정책이 찬찬히 뜯어보면 잘 돼 있어요. (중략) 그 전에 블라인드로, 대학생들을 위한 정책을 선택하게 한 적이 있어요. 그랬더니 새누리당 정책에 훨씬 더 투표를 많이 한 거예요.

**노회찬** 거기 당명이 있으면 안 됩니다.

**안상수** 그러니까요.

**노회찬** 왜냐하면 안 지킬 걸 아니까.

이 정도면 자유한국당은 당명 앞에 이 문구를 붙이는 게 어떨까.

"약속을 안 지키는 사람들, 자유한국당."

정의당은 당명 앞에 이게 붙는다.

"노동의 희망, 시민의 꿈."

진보신당 부대표 시절 선거관리위원회가 주최한 텔레비전 토론에 나간 적이 있다. 그때 자유한국당의 이름은 '한나라당'이었다. 한창 당명을 바꾸려고 준비하고 있을 때였다. 내가 이렇게 말했다.

"당명 바꾸시려고 하던데 제가 하나 제안해도 되겠습니까?"

한나라당 토론자가 흔쾌히 그러시라고 했다.

"혼나라당 어떻습니까?"

국민들에게 혼 좀 나야 한다는 의미에서 제안했으나 무시당했다. 그 후 한나라당은 새누리당으로 이름을 바꿨다. 당명을 변경했다는 기사가 떴을 때 나는 강연이 있어 버스를 타고 경남 인근을 지나던 중이었는데, 혼자 아쉬워했다.

노회찬 의원은 촛불항쟁 이후 자유한국당이 빨리 없어져야 한다고 열심히 설파했다. '썰전'에 출연한 노회찬 의원에게 진행자 김구라 씨가 자유한국당 원내대표에게 영상편지 하나 띄우자고 제안했다. 영상편지, 참 따뜻하다.

자유한국당이 빨리 해산되어야 보수에 희망이 있다고 생각합니다. 제가 자유한국당 원내대표라면, 자유한국당 수명 단축에 모든 노력을 다하겠습니다.

국민을 위해 이보다 더 따뜻한 말이 있을 수 있을까.

---

**노회찬** 달도 차면 기울고, 열흘 붉은 꽃도 없는 겁니다.

**유시민** 그런데 이 꽃은 365일 붉은 것 같아요.

**노회찬** 조화라서 그래요.

　°'노유진의 정치카페 · 1등과 꼴찌의 성적표도 바뀝니다'.
잦은 비리와 무능에도 새누리당이 계속 살아남고 있다는 점에 대해.[9]

---

한나라당이 오염된 물과 흘러간 물만 제공할 수 있다면 아예 문을 닫는 것이 국민을 위한 길이다. 물레방아를 돌릴 물이 신통치 않다면 맨손으로 돌리면 된다. 땀 흘리며 일하는 사람들은 이런 일에 능하다.

　°2007년 11월 1일 '난중일기'.
대선에서 흘러간 물 이회창과 오염된 물 이명박이 등장하자.[10]

---

달이 해의 78.5퍼센트를 가렸는데도 대낮처럼 환한 게 오히려 경이롭습니다. 정말 위대한 태양입니다. 한나라당류가 국

회 의석의 68퍼센트를 가졌다고 위대한 민심을 다 가릴 순 없을 것입니다!

다음번 개기일식이 2035년이라는데, 한나라당 다음번 집권도 2035년이라 확신합니다.

°2009년 7월 22일 트위터.
한나라당의 미디어법 직권 상정에 대해.
이때만 해도 한나라당이 해산되어야 한다고까지 주장하진 않았다.

# 민주당 밥상에 거위 간도 있고
# 돼지 간도 있는 건 좋은 일인데,
# 왜 벼룩의 간까지 먹으려 하는지

2017년 5월 4일
기자간담회

1987년 6월항쟁 이후 선거제도가 지금처럼 지역구에서 1등만 뽑는 제도로 바뀌었다. 자연스럽게 양당체제가 강화되었다. 모든 국회의원 선거에서 양당은 대체로 75퍼센트 이상, 많게는 95퍼센트 가까이 의석을 석권했다. 그 결과 30년간, 하늘을 해와 달이 나눠 차지하듯 정치는 민주당과 자유한국당이 양분했다. 수많은 정당이 만들어졌다 없어졌지만 두 당은 절대 사라지지 않았다.

제3세력의 성장은 항상 선거제도라는 벽에 가로막혔다. 거대 양당은 대체로 득표율보다 많은 의석수를 챙겼고, 진보정당은 득표율보다 적은 의석수를 가져갔다. 경제에서 대기업이 하는 짓을 양당이 자행했고, 진보정당은 중소기업이 당하는 일을 당했다.

결국 대한민국 정치의 역사는 의석 도둑질의 역사다. 국회가 국민의 의사를 정확히 반영해야 한다는 상식에 비춰봤을 때, 그랬을 경우에만 대의민주주의가 가능하다는 점에서 그동안 한국 정치는 대의민주주의를 배반해왔다. 이 시스템에서 제1 야당 교체는 사실상 불가능하다. 노회찬은 불가능을 가능케 하기 위해 평생을 바쳤다. 그런 이유에서 노회찬 의원은 민주당 계열 정당에 대한 신랄한 비판자이기도 했다.

2003년 열린우리당이 이라크 파병동의안을 4·15총선 이후 처리하려 하자 노회찬 의원은 이렇게 비판했다.

국민의 반대가 심하니 총선 뒤에 추진하겠다는 정치적 발상은 주인의 저항이 심할 테니 잠든 후에 담을 넘겠다는 직업적 발상과 무엇이 다른가.[11]

14년 뒤인 2017년 대선에서도 그랬다. 당시 우상호 더불어민주당 공동선대위원장이 한 라디오 인터뷰에서 "이번 대선의 시대정신은 정권교체"라면서 "문재인이 될 테니 정의당도 잘 따라달라고 하는 것 아닌가"[12]라고 말한 것에 대한 반박이었다.

(심상정 사표론은) 마치 저희가 듣기에는 이마트 사장이 동네 슈퍼는 다음에 팔아줘라….

민주당 밥상에 거위 간도 있고 돼지 간도 있는 건 좋은 일인데, 왜 벼룩 간까지 먹으려 하는지.

열린우리당은 길 가다 지갑 주운 것처럼 횡재한 건데, 이거 경찰에 신고해야 하는 것 아니냐, 그렇게 생각되고요.

°2004년 3월 20일 〈KBS〉 '심야토론'. 노무현 전 대통령 탄핵 정국으로 열린우리당 지지율이 치솟았을 때.

올림픽 가서 말이죠, 중국 보고 금메달 너무 많이 가지고 가지 마라, 우리나라도 좀 달라, 그런 게 있습니까? 역사는 냉정한 겁니다. 역사에서 퇴장하라고 하면, 퇴장해야 되는 겁니다.

°2004년 1월 15일 〈MBC〉 '100분 토론'.

저희가 보기에는 열린우리당도 판 갈이 대상이에요. 아까 새 물통이라고 했는데 물통은 새것일지 몰라도 물은 민주당에서 퍼왔잖아요.

°2004년 1월 15일 〈MBC〉 '100분 토론'.

그날, 3월 12일에 국회에서 탄핵 가결한 걸 잘했다고 생각하

시면서 한나라당과 열린우리당이 스스로 잘했다고 하는 일
을 한국방송공사가 열두 시간 틀고 있으면 〈KBS〉에 고맙다
고 해야 하는 것 아닙니까.

°2004년 3월 20일 〈KBS〉 '심야토론'.
탄핵 보도가 과도하다며 "이것은 언론조작"이라고 말하는
다른 토론자의 견해를 반박하며.

친구 사귈 때 50평에 사는지, 100평에 사는지 이것이 중요합
니까? 그렇지 않습니다. 그 친구가 어느 정도로 큰 집에 사는
지를 보고 우정을 맺는다면, 그것처럼 얄팍한 우정이 어디 있
겠습니까.

°2017년 5월 6일 심상정 대선 후보 지지 유세에서.
큰 당을 찍는 게 중요한 게 아니라면서.

1차선이든 2차선이든 도로에선 차선을 지켜야 한다. 중도랍
시고 두 개 차선을 걸치고 운행하다가 사고 난 차 한 대 때문
에 도로가 몇 킬로미터씩 정체되는 경우가 바로 오늘 한국 정
당정치의 현주소다.

°2009년 5월 18일 '난중일기'.
민주당의 정체성이 모호한 점을 지적하며.[13]

# 짝퉁을 명품이라고 하면
# 허위사실 유포예요[14]

2004년 11월 12일
국회 대정부질문


좌파, 좌파 하지 좀 마세요. 진짜 좌파정당은 가만히 있는데 좌파가 아닌 사람들끼리 왜 그러십니까.
짝퉁을 명품이라고 하면 허위사실 유포예요.


2004년 11월 국회 대정부질문에서 열린우리당과 한나라당이 좌파논쟁을 벌이자 노회찬 의원이 한 말이다. 정치 선진국들에서는 '좌파정당·우파정당' 구분이 상식적인 일이다. 오른손과 왼손이 있고, 동쪽과 서쪽이 있는 것처럼 좌파정당과 우파정당도 늘 생활 속에 함께한다. '좌파'가 비난의 의미가 되는 사회는 유치하다. 좌파든 우파든 정당과 정치가 삶 속에 당연히 포함되는 사회가 좋은 사회다.

낮은 언덕이 이어지는 곳에 길이 나 있었다. 그 길을 새 차는 아니지만 아주 낡지도 않은 버스를 타고 넘어가는 중이었다. 한두 시간만 더 가면 이제 아프가니스탄 국경이다.

"집집마다 깃발이 하나씩 걸려 있는데, 저게 뭐죠?"

2002년, 구호활동을 위해 파키스탄 페샤와르에서 아프가니스탄으로 넘어가던 때였다. 차에 탄 사람들마다 여러 추측을 내놓았다.

"국경일 같은 날이라 깃발 걸었나 보네."

"저게 파키스탄 국기인가?"

"디자인들이 다른데?"

현지인에게 들으니, 지지하는 정당 깃발을 그렇게 집집마다 건다고 했다. 한국에서는 상상도 못할 일이었다. 사회적 맥락이 있을 테지만, 그와 별개로 나는 그때 처음, 정당이 사회 속에서 형성하는 '문화'에 대해 고민했다. 앞집에는 정의당 깃발, 옆집은 민주당 깃발, 뒷집은 자유한국당 깃발 게시가 자연스럽게 용인되는 사회라니. 뜬금없는 곳에서 얻은 뜻밖의 깨달음이었다.

스웨덴에서는 알메달렌정치박람회가 일 년에 한 번씩 열린다. 일주일간 원내 정당들이 하루씩 정당의 날 행사를 진행한다. 각 정당은 정책 설명회, 세미나, 당대표와의 대화를 마련한다. 일주일 동안 2000~3000개의 세미나가 준비되고, 역시 2~3만 명의 시민이 방문한다.

알메달렌정치박람회는 매년 7월 첫째 주에 스웨덴의 제주도 격인

고틀란드섬에서 열린다. 많은 국민이 휴가 기간 동안 편안한 복장으로 이 행사에 참여한다. 300~400명의 언론인이 '정치인들의 록페스티벌'이라는 이 박람회를 신문과 방송을 통해 비중 있게 다룬다. 올해는 방송국에서 1000여 개의 행사를 중계했다고 한다.

정당과 정치가 만든 문화가 삶의 문화로 자리 잡은 나라들은 이런 모습이다. 이런 곳이야말로 정치와 유권자의 밀착도가 높다.

몸을 불사른다고 하면서 촛불 하나 들어보지 않은 사람이,
초 하나 불살라보지 못한 사람이 어떻게 몸을 불사릅니까.

°2016년 12월 26일 〈tbs〉 '김어준의 뉴스공장'.
반기문 영입 의사를 묻는 질문에.

# 선거제도만 바꿀 수 있다면
# 나는 평생 국회의원 안 해도 된다[15]

심상정 의원에게
생전에 했던 말

노회찬 의원은 언젠가 자신이 진보정당 원천기술 보유자라고 했다. 그는 진보정당 원천기술 보유자일 뿐 아니라, 선거제도 개혁에서도 원천기술 보유자다.

노회찬 의원이 국회의원이 될 수 있었던 건 총선에서 최초로 실시되었던 1인 2표 정당명부비례대표제 때문이었다. 사람에 한 표, 정당에 한 표 찍는 선거제도는 그때 처음 실시되었다. 1인 2표제가 없었다면 노회찬 의원이 국회의원 되는 건 불가능에 가까웠다. 사실 노회찬 의원이 1인 2표제를 선거에 도입시킨 장본인이다. 중이 제 머리를 깎은 셈이다.

"청구인들로서는 늦어도 1992년 3월 24일부터 180일 이내에 이 사건 헌법소원을 제기하였어야 하는데 같은 날짜로부터 180일이 훨씬 지난 후임이 날짜 계산상 분명한 1993년 10월 27일에 제기된 이 사건 헌법소원심판청구는 그 기간이 도과된 후에 제기된 것이므로 부적합하다고 할 것이다."

1995년 10월, 헌법재판소는 한 헌법소원심판청구에 대해 이런 이유로 각하 결정을 내렸다. 1992년 3월 24일은 총선이 있던 날이다. 잘못된 선거제도로 선거를 치른 것이 문제라면, 이때부터 180일 이내에 헌법소원을 제기해야 하는데, 지각 제출을 했으니 도리가 없다는 얘기다.

이때 헌법소원심판청구 신청인이 노회찬이었다. 노회찬 의원은 1993년 당시 진보정당추진위원회 대표로서 이 헌법소원을 제기했다. 과거에는 지역에서 얻은 의석수를 기준으로 비례대표 의석수를 배분했을 뿐, 정당투표는 따로 하지 않았다. 유권자는 1인 1표만 행사했다. 이에 노회찬 의원이 정당투표는 별도로 해야 한다는 취지로 헌법소원을 제기한 것이다. 그때가 벌써 25년 전이다. 원조가 달리 원조가 아니다.

날짜가 지났다는 이유로 헌법소원심판청구를 각하당한 노회찬 의원은 2000년 2월 16일, 또다시 헌법소원을 제기했다. 이때가 2000년 총선 직전이었다. 당시 민주당, 한나라당, 자민련 원내총무들이 1인 2표제에 합의하기도 했지만, 곡절 끝에 국회 본회의 표결에서 무산됐다. 이 상황을 국회 밖에서 지켜본 노회찬 의원은 다시 한 번, 이번에는 제 시간에 헌법소원을 제기한 것이다.

노회찬 의원의 헌법소원심판청구는 2001년 7월 한정위헌 결정으로 돌아왔다. 2004년 노회찬의 아슬아슬한 당선은 그 바뀐 선거제도 아래에서 가능했다. 노회찬 의원은 손수 제작한 자동차에 마지막으로 올라탔고, 그 덕에 우리는 노회찬이라는 정치인과 오랫동안 행복할 수 있었다.

흔히 선거제도를 놓고 다투는 정당들을 보면서 사람들은 '국회의원 밥그릇 싸움' 한다고 말한다. 그러나 선거제도 문제는 국회의원 밥그릇이 아니라 국민 밥그릇에 더 밀접하게 연관되어 있다. 따라서 이 싸움은 제대로 해야 한다.

비디오판독을 실시할지 말지, 3점슛 제도를 도입할지 말지, 이런 문제를 다룰 때 각 나라는 자기 나라 국가대표의 특기에 따라 유불리를 판단할 것이다. 거칠게 경기하는 팀은 비디오판독제 도입에 반대할 테고, 장거리 슛의 정확도가 높은 팀은 3점슛 제도에 찬성할 것이다. 이와 같은 제도 개선 과정은 전적으로 자기들 밥그릇 싸움에 불과하다.

그러나 그보다 중요한 건 관객이 경기를 충분히 즐길 수 있게 만드는 것이다. 그러다 보면 경기의 객관성을 높이기 위해 비디오판독제도가 도입되는 것이고, 키 큰 사람들만 유리한 경기가 되지 않도록 하기 위해 3점슛제도를 도입하는 것이다. 그렇게 해야 메달권에 드는 팀이 늘어난다. 관객의 관심은 높아지고 경기는 흥미진진해진다.

정치는 스포츠보다 이 점을 더 고려해야 한다. 유권자가 단순히 관객이 아니라는 점에서 더욱 그렇다. 보다 객관적이고 보다 공정해져야 유권자가 정치에 흥미를 갖는다. 만약 관객에 대한 고려 없이, 공정성도 객관성도 팽개치고 그저 늘 이기는 자들이 계속 자신에게 유리한 규칙만 고집한다면, 관객은 그 경기를 외면할 것이다. 지금 정치가 그렇다.

시민의 삶을 바꾸지 못하는 국회, 그것을 가로막는 선거제도만 바꿀 수 있다면 나는 평생 국회의원 안 해도 된다. 내가 여기서 물구나무라도 서겠다.

심상정 의원이 노회찬 의원 추모문화제에서 노회찬 의원이 생전에 했던 말이라며 전해주었다. 노회찬 의원이 바랐던 건 민심 그대로 국회가 구성되는 것이었다. 그러니까 각 정당이 얻은 득표율만큼 의석이 배분되는 게 옳다는 얘기다. 너무 당연한 말이지만 이 쉬운 게 우리 국회에서는 실현되지 않고 있다. 방법은 연동형비례대표제다. 선거제도 개혁을 위한 노회찬 의원의 1라운드가 1인 1표제를 1인 2표제로 바꾸는 것이었다면, 2라운드는 연동형비례대표제를 도입하는 것이었다. 그런데 물구나무가 가능했을까?

우리나라 정치가 여전히 굉장히 서툽니다. 그러니까 운전면허를 딴 지 한 70년 됐는데 직진 말고는 해본 적이 없는 (나라입니다). 유턴도 안 해봤고, 좌회전, 우회전 안 해본 그런 운전사 같은 상태입니다, 우리 정치가.

°2017년 6월 28일 〈시사IN〉 '인터뷰쇼'.

평소에는 못 봤는데 여기서 농성하며 누워서 보면 이 천장이 그렇게 아름다울 수가 없습니다. 저는 저 아름다운 천장을 또 보고 싶지는 않습니다. 농성에 이르지 않고 선거제도 개혁이 있기를 바랍니다.

°2017년 9월 27일 선거제도 개혁을 위한
민정연대 추진 간담회 축사.[16]

일반 소비자 입장에서 보자면 정육점에 가서 소고기를 730그램을 사왔는데 집에서 열어보니까 200그램밖에 없는 상황.

°2017년 12월 27일 〈tbs〉 '김어준의 뉴스공장'.
국민의 7.3퍼센트가 정의당을 지지했으면
의석도 7.3퍼센트를 가져야 마땅하지만
의석은 2퍼센트만 갖고 있다면서.

# 처음으로
# 사람대접받은 것 같습니다

2018년 4월 2일
〈CBS〉 '시사자키 정관용입니다'

'평화와 정의의 의원 모임'이 공식 출범한 날이다. 노회찬 의원이 원내 교섭단체 대표가 되었다.

**정관용**  원내 교섭단체 대표가 되면 일단 대접이 달라지지 않습니까?

**노회찬**  뭐, 처음으로 사람대접받은 것 같습니다.

국회에서 교섭단체가 아닌 정당은 투명 정당이다. 국회에서 하는 모든 의사 결정에 교섭단체가 아닌 정당은 의원이 십 수 명이 있어도 끼지 못한다. 국회정상화 명목으로 심상정 정개특위 위원장을 교체하는 안에 자유한국당과 민주당이 합의할 때 심상정 의원은 사전에 전혀 알지 못했다. 교섭단체 소속이 아니기 때문이다. 분명히 같은 학교 학생이지만, 수업 시간도 과목 내용도 전혀 모르고 무작정 학교에 나가야 하는 학생, 이게 비교섭단체의 처지다.

이날 노회찬 의원은 〈YTN〉 라디오에서 "제가 14년 전에 국회에 처음 등원했는데 오늘 교섭단체 대표로서 첫 회의에 참석하게 돼서 그때만큼 떨린다"고 말하기도 했다.

교섭단체는 다른 나라에는 없거나 있더라도 문턱이 매우 낮다. 대표적으로 영국, 미국, 북유럽은 교섭단체 개념이 없다. 캐나다는 하원 12석(3.5퍼센트)이 기준이고, 독일은 의석수가 늘 바뀌는데 전체 의석수의 5퍼센트가 기준이다. 퍼센티지로 따지면, 한국은 전체 의석수의 6.6퍼센트가 교섭단체 기준이다. 어쨌거나 이런 건 우리가 전 세계 최고 수준이다. 어떻게라도 교섭단체를 만드는 것이 필요한 상황에서 노회찬 의원은 '공동구매'를 선언했다.

**노회찬** 살림을 합친 게 아니라 차를 공동구매한 격이에요.
**박형준** 내비가 혼란스럽겠어요.
**노회찬** 내비 안 켜고 모는 거죠, 뭐.[17]

방향이 같아서 교섭단체를 하는 건 아니라고 미리 밝혀둔 터이니 노회찬 의원의 말이 맞다.

**노회찬** 그동안 저희는 투명 정당이었어요. 존재도 인정받지 못하고 서 있어도 안 본 척하고. 국회 내에서 시민권이 없었던 거죠.

**박지원** 원내 교섭단체가 안 되는 조건이 되어보니 정의당의 설움을 알겠더라고요.

투명인간을 대변하는 정당이 투명 정당인 국회. 너무한다. 교섭단체 제도를 바꾸는 건 소수 정당의 이해관계 이전에 국민의 이해관계다. 국민 대부분이 투명인간이니까.

---

살림은 따로 따로 사는 거예요.

자동차를 공동구매해서 목적지가 같을 때는 같이 타고 가고, 서로 다른 일을 볼 때는 그전에 하던 식대로 따로 하는 그런 방식이죠.

이러다가 사랑이 싹틀지는 모르겠습니다만, 현재 뭐, 결혼을 전제로 연애하고 있는 건 전혀 아닙니다.

사랑은 인위적으로 되는 게 아닙니다.

°2018년 4월 20일 〈JTBC〉 '정치부회의'.
민주평화당과의 공동 교섭단체에 대해.

2중대 눈에는 세상만사가 다 2중대로 보이는구나 하는 걸 깨
닫게 되고요.

(바른미래당은) 자유한국당 2중대 아니에요? 잘못하면 3중대
가 될 수도 있는 거고요.

°2018년 4월 20일 〈JTBC〉 '정치부회의'.
정의당·민주평화당 교섭단체에 대해 유승민 바른미래당 공동대표가
"더불어민주당 2중대의 탄생"이라고 비판한 것을 두고.

저희는 그러나 바른미래당이 2중대에서 벗어나서 보수정치
의 본부중대로 빨리 발전하기를 바랍니다.

°2018년 3월 29일 〈JTBC〉 '뉴스룸'.

**진행자** 두 사람이 같은 단체에 속했던 적이 있나요?

**노회찬** '촛불'이라는 단체….

°2018년 4월 8일 〈JTBC〉 '썰전'.
박지원 민주평화당 의원과
원내 공동 교섭단체에 대해 이야기하던 중.

담을 넘어서라도 오려고 했는데 마침 평화당과 손잡고 (참석
할 수 있는) 문이 열리게 됐습니다.

°2018년 4월 2일 국회의장과 4당 원내대표 회동에서.

# 2018년을
# 포복절도의 해로 만들겠습니다

2018년 1월 1일
정의당 신년인사회

1월 1일, 정당은 신년인사회란 걸 한다. 12월 31일 종무식 후 1월 1일 하루쯤은 쉬고 싶은 마음이 굴뚝같지만 정당에서는 그게 어렵다. 여기저기 찾아뵐 곳도 많고, 국민에게 한 해의 다짐을 메시지로 보내는 일도 중요하다.

지식인들은 지난해의 평가든, 올해의 다짐이든 사자성어로 표현하는 경우가 많은데, 사자성어의 달인은 노회찬 의원이었다. '노심초사' '좌사우포'. 노회찬 의원이 만들었거나 리메이크한 사자성어다.

2018년 신년인사회에서 노회찬 의원이 제안한 사자성어는 '포복절도'였다. 노회찬이 '포복절도'를 말하니 그것으로 충분했다. 노회찬 덕에 울고 웃었던 사람들에게 '포복절도'만큼 기다려지는 말이 어디 있을까. 노회찬 의원이 덧붙인 해석은 이랬다.

저는 정의당이 국민에게 드리는 약속을 네 글자로 집약해 '포복절도飽腹絶盜'의 세상을 만들겠다는 말씀을 드립니다.
흔히 쓰는 포복抱腹과 달리 '가득 찰 포飽, 배 복腹'으로, 배를 가득 차게 만들고, 절도絶盜는 도둑을 근절하겠다는 의미입니다.
민생을 챙기고 세금 도둑, 양심 도둑을 근절하겠습니다.

민생을 알뜰히 챙겨 국민의 배를 가득 채우겠다는 '포복', 세금 도둑, 양심 도둑을 근절하겠다는 '절도'. 이날 노회찬 의원의 핵심은 '선거법 개정'이었다.

특히 얻은 지지율에 비해 더 많은 의석을 가져간 의석 도둑들, 54퍼센트 지지를 얻고 90퍼센트의 의석을 가져가는 표 도둑까지 선거법 개정으로 완전히 잡는 포복절도의 세상을 만들겠습니다.

'호질기의' '방기곡경' '도행역시' '혼용무도' '임중도원'.
이명박, 박근혜 정부 시절 교수들이 한 해를 평가하며 뽑은 사자성어들이다. 정부를 비판하는 말인 것 같긴 하나, 보통 사람은 뜻을 몰라 동참하기 어렵다. 노회찬의 '포복절도'가 사자성어 중 군계일학이다.

심상정, 노회찬, 이정미, 김종대, 추혜선, 윤소하. 정의당의 20대 국회의원 이름들입니다. 이 이름을 줄여서 사자성어로 만들면 노회찬, 심상정과 초선의원 네 명 해서 '노심초사'입니다. 정의당 때문에 국민 여러분이 걱정하는 일은 이제 없을 것입니다. 반대로 국민 여러분의 행복과 편안한 생활을 위해 노심초사하는 당이 되겠습니다. 대한민국의 장래를 노심초사하는 정의당이 되겠습니다. 원내 유일한 진보정당 정의당, 노심초사 군단에게 많은 성원 부탁드립니다.

°2016년 5월 4일 원내대표직 수락 기자회견

# 우리가 30석이었으면
# 나라를 흔들었을 겁니다

2018년 7월 13일
〈JTBC〉 '썰전'

노회찬 의원은 진보정치에 대한 의지가 확고했다. 정의당이 시간이 흐를수록 잘할 것이라는 자신감도 충만했다. '썰전'에서 박형준 교수가 정의당이 제1당이나 2당이 못 되고 있다는 지적을 했을 때다.

정의당 같은 경우에는 1당이나 2당은 안 되지 않느냐는 말씀인데, 단계가 있다고 봐요. 자력으로 원내 교섭단체를 이룰 만큼의 당선자를 만드는, 스스로 20석 이상을 만들면 그다음부터는 정의당이 괜찮아요. 지금 바른미래당은 30석이잖아요. 저희들 같으면, 30석이면 나라를 흔들 것 같아요. 여긴 왜 안 되느냐. 정체성이 뭔지 잘 모르겠어요.

"아니, 정의당 의원이 그것밖에 안 돼요?"

최근 들어 종종 듣는 이야기다. 의석 수에 비해 존재감이 크다는 의미다. 20대 국회 들어 촛불집회와 대선을 거치고, 선거법 개정 패스트트랙 국면을 지나면서 정의당의 지지율과 존재감은 과거와 달라졌다. 이 과정에서 노회찬 의원이 중심이었던 것은 말할 필요도 없다.

6석으로 이 정도라면, 교섭단체가 되고, 20석을 훨씬 뛰어넘는 의석을 갖게 되었을 때 '나라를 흔들 것'이라는 말은 허언이 아니다. 다른 자리에서도 노회찬 의원은 비슷한 자신감을 표출했다. 116석의 자유한국당이 평창올림픽이 실패하기만 바랐지 올림픽에 온 이방카를 활용할 생각을 못한 점을 꼬집었을 때다.

군산 공장 폐쇄 방침을 밝힌 지엠의 한국 철수를 재고해달라고 미국에 요구해야 했습니다.
(자유한국당이 그랬다면) 지금 지지율 30퍼센트까지 뗄 수 있었어요. 그래서 정말 116석이 아까워요. 16석만 가지고 100석은 정의당에게 달라, 그럼 제가 한 30퍼센트 지지율 만들어주겠다…![18]

자유한국당 16석, 정의당 100석. 자유한국당과는 전혀 다른 방식으로 나라를 흔들 노회찬 의원의 꿈이었다.

교황이 2013년 3월에 취임한 후에 쓰신 책에 놀라운 구절이
있어서 제가 베껴 적기까지 했어요. "우리는 더이상 보이지 않
는 손과 보이지 않는 힘을 신뢰할 수 없다. 시장 만능에 맡길
수 없다." 시장이 모든 걸 다 조화롭게 해주지 못할 거라는 말
이죠.

여기 보면, "소득을 공평하게 배분하고 일자리를 창출하고, 이
러한 보편적 복지국가로 나아가자…" 당으로 치면 진보정당
입니다.

° '노유진의 정치카페·이 시대에 필요한 은총은 뭔가요'.
2014년 8월 프란치스코 교황의 한국 방문을 계기로
교황에 대해 얘기하며.[19]

정치에 있어서 도덕적 우위보다도 중요한 건 감동적 우위다.

°2007년 5월 2일 〈딴지일보〉 인터뷰.
진보정치가 더 밑으로 내려가야 한다고 주장하며.

A 고양이가 문제 있으면 덜 나쁜 고양이 세우고, 계속 고양이
만 교체해왔다 이거예요. 그래서 저는 덜 나쁜 고양이도 고양
이다, 이제는 쥐가 나서야 된다 (생각합니다). 내 결론은 쥐구멍
에도 볕들 날 있다, 쥐들아 단결하라….

°2007년 12월 2일 〈KBS〉 'KBS 스페셜'.

민심의 심 자가 심상정(이라는 뜻입니다). 저희가 캠프 이름을 '심부름센터'라고 지었는데, '심' 하고 부르면 달려가는, 국민의 심부름을 하겠다고 자청하고 있습니다.

°2017년 4월 11일 〈KBS〉 '일요토론'.

지금 좋은 후보가 많다고 볼 수 있지만 여기에는 도라지도 있고 더덕도 있고 인삼도 있고 홍삼도 있고 그리고 산삼도 있습니다. 자주 접하지 못해서 낯설긴 하지만 가장 효력이 있는 것은 역시 산삼입니다. 한 달 후에 우리가 산삼을 구할 수 있습니다. 산삼 찾는 심마니들이 산삼 발견하면 뭐라고 외치는지 아십니까? "심봤다"라고 합니다. 그게 무슨 말씀인 줄 아십니까? 심상정 봤다는 얘기입니다. 심상정 뽑으면 산삼 캐는 겁니다.

°2017년 4월 11일 〈KBS〉 '일요토론'.
대선에서 심상정 후보에게 투표해달라고 말하면서.

노동자들이 사표 낼 일 없게 만드는 후보가 누구입니까? 결론적으로 사표 방지 후보는 누구입니까? 사표 내는 일 막으려면 심상정 후보가 더 많은 표를 얻어야 합니다.

°2017년 5월 6일 심상정 대선 후보 지지 유세에서.

다들 입을 벌리고 나를 쳐다본다.

°2012년 10월 25일 '난중일기'.
국정감사 도중 식사 자리에서 각자 당에 내는
특별 당비 액수를 말하다가. "새누리당은 지역구 30만 원,
비례대표는 50만 원, 민주당은 75만 원을 내고
두 당 모두 당직을 맡으면 좀더 낸다"는 말을 듣고
"정의당은 당직에 관계없이 모두 매월 500만 원씩 낸다고 말했다"면서.

정의당이 아무나 올라탈 수 있는 배가 아닙니다. 최소한 정의
당에 올라타려면 정의감이 있어야죠.

°2016년 12월 26일 〈tbs〉 '김어준의 뉴스공장'.
반기문 영입 의사를 묻는 질문에.

# 두 아들이 사회에 나올 때쯤은
# 큰 걱정 없이 살 수 있는 세상을
# 만들어놓겠소

오랜 벗 오재영의 장례식장에서
노회찬의 추도사

오재영 동지, "남자는 턱선이 생명"이라며 소소한 농담을 하던 동지가 벌써 그립구려. 사실 나와 같은 국회의원들은 오재영이라는 줄기에서 나온 꽃 같은 존재입니다. 나무의 모든 영양분을 가져다가 화려하게 피는 그런 꽃 말입니다. 그 꽃이 '새 세상'이라는 열매를 맺고 임무를 마쳐 시들어버리기도 전에 왜 동지가 먼저 갔다는 말입니까. 원망스럽구려. 사랑하고 존경하는 나의 벗 오재영 동지, 두 아들이 사회에 나올 때쯤은 큰 걱정 없이 살 수 있는 세상을 만들어놓겠소. 편히 쉬시오. 그리고 늘 하고 싶었는데 하지 못한 말, 이제야 드립니다. 고마웠습니다. 그리고 미안합니다.

노회찬 의원에게 오재영은 무척 소중한 사람이었다. 노회찬 의원은 오재영이 죽고 일 년이 지날 때까지 오재영의 자리를 비워놓았다. 노회찬 의원의 말대로 그는 "오재영이라는 줄기에서 나온 꽃 같은 존재"였다. 영양분을 부지런히 실어 나른 오재영은 젊은 나이에 갑자기 세상을 떴다. 그리고 그로부터 일 년 뒤 노회찬 의원마저 세상을 떠났다. 부지런히 영양분을 날랐던 줄기가 꺾였고, 화려하게 피었던 꽃마저 져버린 것이다. '두 아들이 사회에 나올 때쯤은 큰 걱정 없이 살 수 있는 세상'은 노회찬도 오재영도 만들 수 없는 일이 되었다.

그때 오재영의 부인 권신윤이 했던 인사말을 절대 잊지 못한다.

"가정에서도 그는 언제나 진보정당과 사회운동에 대한 걱정을 했습니다. 오재영 동지를 지키지 못해 죄송합니다."

그 말은 우리가 했어야 하는 말이었다. 20~30대 청춘을 모두 바치고, 이제 쉰을 바라보는 나이가 된 사람들이 진보정당을 지켜왔다. 당은 그렇게 지켰지만, 정작 우리는 동지를 지키지 못했다. 사실 우리는 자기 몸뚱이 하나도 제대로 지키지 못한다. 당을 지켜왔다는 말도, 자신 없다.

우리가 해야 하는 말은 또 있다.

'두 아들이 사회에 나올 때쯤은 큰 걱정 없이 살 수 있는 세상'을 만들겠다는 말이다. 그건 처음부터 세상에 대한 우리의 약속이었다. 이 약속이라도 지키기 위해 노력해야 한다. 다들 그렇게 마음먹고 있다.

제가 좋아하는 표현으로 말하자면, 실패로 끝난 게 아니고 실패하고 있는 중이죠, 계속해서.

　°'노유진의 정치카페 · 1등과 꼴찌의 성적표도 바뀝니까'.
유시민 작가가 제3당의 정치세력 구축이 계속 실패로 끝났다고 말하자.[20]

한국에서 노동운동은 아직 독립운동이다. 대한민국에서 민주노동당 활동도 아직은 독립운동이다. 세상이 불온시하고 언제 불이익을 당할지 모르고 겁이 나서 함께하기 두려운 독립운동이다.

　°2004년 9월 14일 '난중일기'.[21]

성공한 좌파들은 누구보다 대중적이어서 성공했습니다.

　°'노유진의 정치카페 · 1등과 꼴찌의 성적표도 바뀝니까'.[22]

종자를 개량해야죠. 쭉정이도 뽑아서 버려야죠.
밭은 점점 좋아지고 있고, 국민은 이미 준비되어 있으니 국민을 너무 기다리게 하지 맙시다. 분발하겠습니다.

　°'노유진의 정치카페 · 이 좋은 밭에 어떻게 농사를 지을까'.
진보정당 지지층은 늘 10~15퍼센트는 있고
그래서 밭이 좋다고 봐야 한다는 한귀영 박사의 말에.[23]

100퍼센트 예측 가능한 것은 아무것도 없다. 오직 정의만이
유일한 가능성이다.

°2004년 7월 14일 '난중일기'.[24]

강물은 아래로 흘러갈수록 그 폭이 넓어진다고 합니다. 우리
의 대중 정당은 달리 이루어지는 것이 아니라 더 낮은 곳으
로 내려갈 때 실현될 것입니다.

°2012년 10월 21일 진보정의당 창당대회 대표 수락 연설.

나는 진보정치가 더 세속화되어야 한다고 본다. 더 현실화되
어야 하고, 더 냉정하게 대중에게 평가받고, 평가받은 것을 인
정하고, 그것을 바탕으로 반성하고 개선해야 한다.

°구영식 기자와의 인터뷰.[25]

21세기 최대의 히트 상품은 진보정당이 될 것이다.

°구영식 기자와의 인터뷰.
1997년 당시 권영길 민주노총 위원장에게
진보정당을 같이하자고 설득하면서 했던 말.[26]

# 모든 국민이 악기 하나쯤은
# 연주할 수 있는 나라

2010년 1월
《진보의 재탄생》 '여는 글'


20년 이내에 정의당 출신 대통령이 나옵니다.[27]

노회찬 대표가 어느 언론 인터뷰에서 한 이야기다. 저 말을 들었을 때 노회찬 의원의 나이를 얼핏 계산했다. 노회찬 의원의 꿈은 집권이었다. 집권해서 우리도 어떤 사람들처럼 떵떵거리고 살자거나, 강남에 수십 억 하는 아파트 사놓고 호의호식하자는 말은 당연히 아니다.

20년 내에 정의당 출신 대통령이 나오기 위해서는 제2, 제3의 노회찬이 등장해야 한다.


이게 지금 삼수하는 기분입니다.

세 번째 하는 건데 빨리 졸업을 하도록 노력하겠습니다.[28]

라디오 프로그램에서 정의당 원내대표로 만장일치로 뽑힌 걸 축하 받으면서 한 얘기다. '노회찬, 심상정의 뒤를 이을 정치인'이 없다 보니 언제나 두 분의 부담이 컸다. 삼수하는 기분이 왜 아니었겠나. 어떤 인터뷰에서 젊은 시절 가장 힘들었던 경험을 묻는 질문에 노회찬 의원은 이렇게 답했다.

여러 어려움이 있었지만, 다 예상했던 어려움이었죠. 하지만 당시 가장 큰 어려움은 나처럼 생각하는 사람이 많지 않다는 사실이었 습니다. 지금은 국가유공자니 민주화유공자니 이렇게 평가되고 있지만, 당시에는 그렇지 않았으니까요. 그때는 오히려 그런 사람 이 소수였죠. 과거에 유신 반대할 때도 그랬어요. 늘 소수자였죠. 하지만 마지막 순간에 갑자기 다수가 된 것입니다. 이런 경험을 많이 했죠. 그래서 저는 일시적으로 소수라고 해서 외로워할 필요 는 없다고 생각해요. 제 인생의 훨씬 더 많은 기간이 소수였고, 지 금도 전 소수죠.[29]

대한민국에서 진보정당을 하는 건 쉽지 않다. 진보정당이 집권하 는 건 더 쉽지 않다. '집권'만이 목적이라면 큰 당에 가면 될 일이다. 그렇게 하지 않는 건 집권해서 하고 싶은 일이 따로 있기 때문이다.

대학 서열과 학력 차별이 없고 누구나 원하는 만큼 교육받을 수 있는 나라, 지방에서 태어나도 그곳에서 교육받고 취직하고 결혼하고 아이를 낳는 데 아무 불편함이 없는 나라, 비정규직이라는 이유로 차별받지 않는 나라, 인터넷 접속이 국민의 기본권으로 보장되는 나라, 그리고 무엇보다 모든 시민이 악기 하나쯤은 연주할 수 있는 나라.

모든 시민이 악기 하나쯤은 연주할 수 있는 나라. 멀지 않은 날에, 그 나라를 보고 싶다.

---

인류 역사는 회계장부가 아닙니다.

°2005년 3월 11일 '난중일기'.
광주를 떠올리고, 역사의 옳은 길을 생각하며.[30]

---

동물의 왕국을 인간의 왕국으로 바꿔놓는 일, 이것이 저의 출마 이유이며 목표이고 노선입니다.

°2009년 3월 9일 진보신당 대표 후보 출마 기자회견문.
이명박 대통령이 호랑이와 사자를 더욱 강하게 키워야
사슴과 토끼도 잘 살 수 있다고 말한 것을 두고.

옳은 일은 잘 안 되고 정의는 항상 패배하고 또 사악한 사람들은 현실에서 권력을 많이 갖고…. 이런 이제까지의 고정관념은 깨야 되겠다, 사악한 사람들은 감옥 가야 되고 힘이 없더라도 올바른 사람들이 더 당당한 위치에 서 있는 그런 걸 왜 우리가 현실에서 못 만드느냐, 현실을 천당으로 못 만드느냐….

°2012년 1월 10일 '노회찬·조국 북콘서트'.

# 당은 당당히 앞으로
# 나아가기 바란다

**진행자** 왜 이번에 대선 안 나오셨어요?

**노회찬** 소는 누가 키웁니까. 소 키우는 사람도 있어야죠.[31]

차곡차곡 준비 중이다. 소 키우는 일을 노회찬 의원이 하지 못하니 여러 명이 힘을 합해 그 몫을 다할 수밖에 없다. 제1 야당을 교체하고, 집권을 해 더 좋은 세상을 만들기 위한 과정이다. 노회찬의 꿈이었다.

물은 흐르면서 점점 낮은 곳으로 자리하고 낮아질수록 차츰 모여서 갑니다. 산을 만나면 휘감아 돌고 언덕을 만나면 채워서 넘고

절벽을 만나면 폭포가 되어 떨어지면서 끝내 가장 낮은 곳에 자리한 물, 바다로 모입니다. 진보정치가 상선약수의 정신으로 민중의 바다로 나아가도록….[32]

노회찬 의원의 지역구에서 창원 시민은 감사하게도 다시 정의당을 선택해주었다. 전국 당원들과 지지자들과 창원 시민이 함께 이뤄낸 성과였다. 처음 노회찬 의원이 창원에 출마했을 때를 기억한다.

아래는 유세단장을 마치고 페이스북에 내가 남겼던 글이다. 당직자 몇 명의 이름이 나온다.

이겼으니 이제 복귀합니다.

창원은 정말 추웠습니다. 모텔은 낡아 웃풍이 심했습니다. 창문을 열지 않아도 환기 100퍼센트 보장. 독지가 이상엽 님이 자기 이불을 가져다주었지만, 처음 며칠은 옷을 잔뜩 껴입고, 머리에도 옷을 따로 두르고 잤습니다.

"선본에 침낭 있던데 가져가. 장기투쟁사업장에서 쓰던 거라 따뜻할 거야."

신석호 님의 제안을 받아들여 신이 나서 침낭을 챙겼습니다. '이제 춥지 않겠구나. 밤새 오들오들 떨 일도 없고, 머리통만 따로 냉동실에 갇힌 것 같은 기분도 사라지겠지.'

침낭은 장기투쟁사업장에서 사용한 게 확실했습니다. 그것도 몹시 장기로. 오리털이 군데군데 빠져나와 있고, 침낭 속 털들은 뭉쳐 있었습니다. 깃털의 가운데 부분, 이걸 뭐라고 부르지? 하여튼 그 길쭉한 대 부분만 온통 살아남아, 침낭 속에 누우면 몇 겹의 옷을 뚫고 몸을 찔렀습니다. 가시방석 아니고 가시침낭. 소인들의 작은 창에 온몸을 찔리는 거인이 이런 느낌이었을 겁니다.

아침에 일어나면 오리털이 얼굴에도 옷에도 붙어 있습니다. 방 여기저기에 오리털이 날립니다. 이대로 가면 모텔 주인이 이 방에서 무슨 일이 있었던 건지 평생 궁금해할 것 같아 눈에 보이는 오리털만 좀 정리했습니다. 제가 여영국의 당선과 함께 창원에서 얻은 전리품입니다. 버릴 겁니다.

여영국의 승리로 마음이 깃털처럼 가볍습니다. 창원 안녕.

맨 마지막에 눈물이 나서 못 쓴 문장이 있다.

'노회찬 의원님, 우리가 이겼어요.'

사랑하는 당원들에게 마지막으로 당부한다.

나는 여기서 멈추지만 당은 당당히 앞으로 나아가길 바란다.[33]

당은 당당히 앞으로 나아가고 있다. 때가 되면 말할 계획이다.

노회찬 의원님, 우리가 이겼어요!

## | 1장 | 옆집 아저씨 노회찬

1. 노회찬, "해바라기처럼", 〈월간 신동아〉, 1994년 10월.

2. 위의 글.

3. 노회찬, 《노회찬의 진심》, 사회평론, 2019년, 35쪽.

4. '썰전', 〈JTBC〉, 2017년 12월 15일.

5. 노회찬 · 유시민 · 진중권, 《생각해봤어?》, 웅진지식하우스, 2015년, 20쪽.

6. 2017년 6월 12일 트위터.

7. 김어준, "(2007년 일망타진) 노회찬을 만나다", 〈딴지일보〉, 2007년 5월 2일.

8. 노회찬, 앞의 책, 382쪽.

9. 노회찬 외, 《진보의 재탄생-노회찬과의 대화》, 꾸리에, 2010년, 361쪽.

10. 노회찬, 앞의 책, 162쪽.

11. 노회찬 외, 앞의 책, 96쪽.

12. 권박효원 · 이민정, "노회찬 '내 토론 맞상대는 유시민과 홍준표'", 〈오마이뉴스〉, 2005년 3월 3일.

13. 황호택, "여의도 입성한 '토론의 달인' 노회찬 민주노동당 사무총장", 〈신동아〉, 2004년 5월 27일.

14. 김성훈, "노회찬재단 설립 준비하는 친구들, 우리는 아직도 그가 그립습니다", 〈씨네21〉, 2018년 11월 29일.

15. 노회찬 외, 앞의 책, 91~92쪽.

16. 위의 책, 97쪽.

17. 김정윤(인터넷 〈경향신문〉 대학생 기자), "겨울철 낚시꾼이 행복한 이유", 〈바람,

지속가능을 말하다〉(대학생언론협동조합 YeSS), 2012년 11월 16일.

18. 최영진, "(인터뷰) 삼성 X파일 당대에 밝히는 게 책무", 〈위클리경향〉 855호, 2009년 12월 22일.

19. 정홍진, "야권, 거세지는 '트위터 단속' 반발… 관심 없는 한나라당", 〈폴리뉴스〉, 2010년 2월 20일.

20. 강상구, "노회찬 부엌에 붙은 은박지… '두 덩이 매생이가 가정을 구합니다'", 〈오마이뉴스〉, 2019년 7월 22일, 이 기고 글을 일부 수정.

21. https://web.archive.org/web/20101229191050/http://nanjoong.net.

22. "노회찬의 요리교실: 곰치국", 노회찬의 공감로그, 2010년 2월 16일.

23. 김종배, "(이털남2) 노회찬 전 정의당 대표 편", 〈오마이TV〉, 2013년 8월 23일.

24. "노회찬의 요리교실: 벨기에식 홍합요리", 노회찬의 공감로그, 2010년 4월 3일, 요리를 다 끝낸 노회찬 의원이 한 말.

25. '노영희의 출발 새아침', 〈YTN〉, 2019년 7월 23일.

26. 천관율, "노회찬·심상정 '이정희, 진정성 가져라'", 〈시사IN〉, 2011년 8월 24일.

27. '김어준의 뉴스공장', 〈tbs〉, 2017년 8월 9일.

28. 천관율, 앞의 글.

29. 노회찬, 앞의 책, 144쪽.

30. 김어준, 앞의 글.

31. 조민준, "1년 개봉작 몽땅 본 적도 있어요"(장항준 감독과의 대담), 〈씨네21〉, 2009년 11월 23일.

32. 강상구, 앞의 글.

33. 노회찬 외, 앞의 책, 25쪽.

34. 위의 책, 31쪽.

35. 노회찬, 앞의 책, 268쪽.

36. 노회찬·유시민·진중권, 앞의 책, 12쪽.

37. '노회찬·조국 북콘서트', 2012년 1월 10일.

38. 김정윤(인터넷 〈경향신문〉 대학생 기자), 앞의 글.

39. 노회찬 외, 앞의 책, 139쪽.

40. 최진성·홍태화, "(단독인터뷰) 노회찬이 입을 열면 정치가 쉬워진다", 〈헤럴드경제〉, 2017년 9월 1일.

41. 김어준, 앞의 글.

42. 김경미·양태성, "(자유인 인터뷰8) 노회찬 진보신당 상임고문", 〈프레시안〉, 2011년 8월 30일.

43. 조민준, 앞의 글.

44. 김경미·양태성, 앞의 글.

45. 김어준, 앞의 글.

46. 최진성·홍태화, 앞의 글.

47. '시시콜콜택시' 18회, 포항 〈MBC〉, 2018년 6월 2일.

48. '인터뷰쇼', 〈시사IN〉, 2017년 7월 2일.

49. 김어준, 앞의 글.

50. 노회찬, 앞의 책, 24쪽.

51. 노회찬 외, 앞의 책, 394쪽.

52. 위의 책, 68쪽.

53. 위의 책, 70쪽.

54. '김미화의 U', 〈SBS〉, 2005년 12월 5일.

55. 노회찬 외, 앞의 책, 81쪽.

56. 강상구, 앞의 글.

57. 김정윤(인터넷 〈경향신문〉 대학생 기자), 앞의 글.

58. 노회찬 외, 앞의 책, 394쪽.

59. 위의 책, 376쪽.

60. 구영식·노회찬, 《대한민국 진보, 어디로 가는가》, 비아북, 2014년, 54쪽.

## | 2장 | 투명인간의 친구 노회찬

1. 2018년 7월 25일 〈JTBC〉 뉴스, 2012년 5월 인터뷰 영상.

2. 구영식·노회찬, 《대한민국 진보, 어디로 가는가》, 비아북, 2014년, 80쪽.

3. 강상구, "중선거구제 주장한 한국당, 유신의 후예를 자처하는가", 〈오마이뉴스〉, 2018년 11월 1일, 이 기고 글을 일부 수정.

4. 허재현, "노회찬 '세 불리하다고 민노당과 통합하는 일 없다'", 〈한겨레〉, 2008년

4월 28일.

5. 2018년 1월 18일 트위터.

6. 강상구, "한국인은 수십 년간 '선거 먹튀 사기'를 당해왔다", 〈오마이뉴스〉, 2018년 10월 31일, 이 기고 글을 일부 수정.

7. 노회찬, 《노회찬과 삼성 X파일》, 이매진, 2012년, 13쪽.

8. 노회찬, 《함께 꾸는 꿈》, 후마니타스, 2019년, 139쪽.


# |3장| 국민 사이다 노회찬

1. 노회찬, 《힘내라 진달래》, 사회평론, 2018년, 214쪽.

2. '심야토론', 〈KBS〉, 2004년 4월 3일.

3. 네이버 국어사전.

4. 네이버 국어사전.

5. 노회찬, 《노회찬의 진심》, 사회평론, 2019년, 304쪽.

6. 노회찬 · 유시민 · 진중권, 《생각해봤어?》, 웅진지식하우스, 2015년, 159쪽.

7. 구영식 · 노회찬, 《대한민국 진보, 어디로 가는가》, 비아북, 2014년, 273쪽.

8. '신년특집 대토론', 〈JTBC〉, 2018년 1월 2일.

9. 노회찬 외, 《진보의 재탄생-노회찬과의 대화》, 꾸리에, 2010년, 300~301쪽.

10. 노회찬, 《노회찬의 진심》, 사회평론, 2019년, 387쪽.

11. 위의 책, 271쪽.

12. '김현정의 뉴스쇼', 〈CBS〉, 2017년 4월 10일.

13. '정치부회의', 〈JTBC〉, 2018년 4월 20일.

14. '김어준의 뉴스공장', 〈tbs〉, 2018년 6월 20일.

15. 위의 자료.

16. 2018년 2월 22일 국회 법제사법위원회 회의.

17. 이회창, 《이회창 회고록 2권-정치인의 길》, 김영사, 2017년, 101쪽.

18. '김어준의 뉴스공장', 〈tbs〉, 2017년 8월 23일.

19. 위의 자료.

20. 2016년 11월 16일 국회 법제사법위원회 회의.

# |4장| 개혁 전도사 노회찬

1. 강상구, "지금 꼭 들어맞는 2017년 노회찬의 예언", 〈오마이뉴스〉, 2018년 12월 6일, 이 기고 글을 일부 수정.
2. 노회찬 외,《진보의 재탄생-노회찬과의 대화》, 꾸리에, 2010년, 345쪽.
3. 위의 책, 347쪽.
4. "노회찬, '확신범 박근혜'와 질서 있는 퇴진론"(더 정치 22회), 〈한겨레〉, 2016년 11월 16일.
5. 노회찬 외, 앞의 책, 47쪽.
6. 조현호, "이종걸·노회찬 '황교안이 동창들 도와줘? 전혀 아니다'", 〈미디어오늘〉, 2015년 5월 23일.
7. '김어준의 뉴스공장', 〈tbs〉, 2017년 12월 6일.
8. '촛불이 꿈꾸는 정치' 강연회, 진주현장아트홀, 2018년 1월 12일.
9. '신년특집 대토론' 직전 '소셜 라이브' 방송, 〈JTBC〉, 2018년 1월 2일.
10. 윤승민·이유진, "박 전 대통령 자택 앞, 친박 지지자들끼리 '네가 좌파다' 충돌", 〈경향신문〉, 2017년 3월 13일.
11. 강상구, "빨간색 때문에 한국당 침몰? 그들이 숨기고 싶은 진짜 이유", 〈오마이뉴스〉, 2018년 10월 18일, 이 기고 글을 일부 수정.
12. 노회찬,《노회찬의 진심》, 사회평론, 2019년, 52쪽.
13. 위의 책, 63쪽.
14. 강상구, "'국회의원 늘리자? 비현실적'이라는 주장의 진짜 의미", 〈오마이뉴스〉, 2018년 11월 15일, 이 기고 글을 일부 수정.
15. 황호택, "여의도 입성한 '토론의 달인' 노회찬 민주노동당 사무총장", 〈신동아〉, 2004년 5월 27일.
16. 노회찬, 앞의 책, 124쪽.
17. 위의 책, 29쪽.
18. 위의 책, 382쪽.
19. 노회찬,《힘내라 진달래》, 사회평론, 2018년, 209쪽.
20. 노회찬,《함께 꾸는 꿈》, 후마니타스, 2019년, 212쪽.
21. 노회찬,《힘내라 진달래》, 사회평론, 2018년, 268쪽.

22. 구영식·노회찬,《대한민국 진보, 어디로 가는가》, 비아북, 2014년, 226쪽.

23. 2017년 6월 12일 페이스북 게시글.

24. '김호성의 출발 새아침', 〈YTN〉 라디오, 2018년 5월 29일.

25. 노회찬·유시민·진중권,《생각해봤어?》, 웅진지식하우스, 2015년, 313쪽.

26. 위의 책, 314~315쪽.

27. 위의 책, 334쪽.

28. 위의 책, 341쪽.

29. 노회찬 외, 앞의 책, 305쪽.

30. 위의 책, 369쪽.

31. 노회찬,《노회찬의 진심》, 사회평론, 2019년, 383쪽.

32. 노회찬 외, 앞의 책, 384쪽.

33. 위의 책, 334쪽.

34. 천관율, "노회찬·심상정 '이정희, 진정성 가져라'", 〈시사IN〉, 2011년 8월 24일.

35. 노회찬·유시민·진중권, 앞의 책, 89쪽.

36. 위의 책, 89쪽.

37. 구영식·노회찬, 앞의 책, 226쪽.

38. 2004년 10월 4일 난중일기.

39. 2016년 7월 4일 원내 비교섭단체 대표 연설.

40. '김어준의 뉴스공장', 〈tbs〉, 2018년 6월 6일.

41. 2017년 11월 30일 〈영남일보〉 주최 정치특강.

42. 노회찬·유시민·진중권, 앞의 책, 279쪽.

43. '법정 밖에서 본 판결-노회찬의 안기부 X파일 유죄 판결 좌담회', 참여연대, 2013
년 2월 21일.

44. 노회찬의원실,《법은 만 명한테만 평등하다》, 정보와사람, 2007년, 35~36쪽.

45. "노회찬 진보정의당 공동대표 성명", 2013년 2월 14일.

46. 노회찬, "X파일의 본질이 '도청'이라고 말하는 자 누구인가?", 〈프레시안〉, 2005
년 7월 27일.

47. 노회찬,《노회찬의 진심》, 사회평론, 2019년, 258쪽.

48. 노회찬·유시민·진중권, 앞의 책, 293쪽.

49. 노회찬, 앞의 글.

50. 노회찬,《노회찬과 삼성 X파일》, 이매진, 2012년, 13쪽.

51. 김경미·양태성, "(자유인 인터뷰8) 노회찬 진보신당 상임고문", 〈프레시안〉, 2011년 8월 30일.

52. 위의 글.

53. 노회찬·유시민·진중권, 앞의 책, 181쪽.

54. 위의 책, 195쪽.

55. 위의 책, 203쪽.

56. 노회찬 외, 앞의 책, 334~335쪽.

57. '20대 총선 창원 성산구 TV토론', 〈KBS〉, 2016년 4월 3일.

58. 노회찬·유시민·진중권, 앞의 책, 260쪽.

59. 위의 책, 297쪽.

60. 위의 책, 298쪽.

61. 노회찬 외, 앞의 책, 289쪽.

62. 노회찬,《노회찬과 삼성 X파일》, 이매진, 2012년, 81~82쪽.

63. '김어준의 뉴스공장', 〈tbs〉, 2017년 12월 6일.

64. 노회찬,《노회찬의 진심》, 사회평론, 2019년, 188쪽.

65. 노회찬·유시민·진중권, 앞의 책, 131쪽.

66. 위의 책, 134쪽.

67. 위의 책, 215쪽.

68. 정재승 칼럼, "노회찬 재단 창립을 축하하며", 〈중앙선데이〉, 2019년 1월 26일.

69. 차형석·이숙이, "노회찬, '한 달 동안 문재인 대통령 7번 만났다'", 〈시사IN〉, 2017년 7월 11일.

70. 노회찬,《노회찬의 진심》, 사회평론, 2019년, 381쪽.

71. 위의 책, 344쪽.

72. 구영식·노회찬, 앞의 책, 245쪽.

73. 2018년 2월 9일 트위터.

74. 노회찬·유시민·진중권, 앞의 책, 55쪽.

75. 노회찬·유시민·진중권,《노유진의 할 말은 합시다》, 쉼, 2016년, 127쪽.

76. 노회찬,《노회찬의 진심》, 사회평론, 2019년, 175쪽.

77. '인터뷰쇼', 〈시사IN〉, 2017년 7월 2일.

78. '신년특집 대토론' 직전 '소셜 라이브' 방송, 〈JTBC〉, 2018년 1월 2일.

79. 2006년 3월 8일 '세계 여성의 날'을 맞아 노회찬 의원이 쓴 편지.

80. "요리하는 남자, 노회찬", 노회찬의 공감로그, 2010년 2월 22일.

81. http://m.ch.yes24.com/article/view/34275.

82. 구유나, "조남주·노회찬 '82년생 김지영은 운 좋은 사람'", 〈머니투데이〉, 2017년 8월 30일.

83. 구영식·노회찬, 앞의 책, 64쪽.

84. '시시콜콜택시' 18회, 포항 〈MBC〉, 2018년 6월 2일.

# | 5장 | 비전 제시자 노회찬

1. 강상구, "'삼겹살 불판론' 히트시킨 노회찬 유머의 비밀", 〈오마이뉴스〉, 2018년 10월 4일, 이 기고 글을 일부 수정.

2. 강상구, "한국 정치 뒤바꾼 0.179073329%P… 노회찬의 못 이룬 꿈", 〈오마이뉴스〉, 2018년 9월 26일, 이 기고 글을 일부 수정.

3. 노회찬, 《힘내라 진달래》, 사회평론, 2018년, 32쪽.

4. 강상구, "갈림길에 선 민주당… 혁신 선구자냐, 촛불 배반자냐", 〈오마이뉴스〉, 2018년 11월 22일, 이 기고 글의 일부임.

5. 노회찬, 《노회찬의 진심》, 사회평론, 2019년, 164쪽.

6. '5 MBC NEWS', 〈MBC〉, 2019년 7월 16일.

7. '썰전', 〈JTBC〉, 2018년 4월 5일.

8. 노회찬, 《노회찬의 진심》, 사회평론, 2019년, 384쪽.

9. 노회찬·유시민·진중권, 《생각해봤어?》, 웅진지식하우스, 2015년, 345쪽.

10. 노회찬, 《노회찬의 진심》, 사회평론, 2019년, 228쪽.

11. 노회찬, 《힘내라 진달래》, 사회평론, 2018년, 82쪽.

12. '김현정의 뉴스쇼', 〈CBS〉 라디오, 2017년 5월 4일.

13. 노회찬, 《노회찬의 진심》, 사회평론, 2019년, 278쪽.

14. 강상구, "빨간색 때문에 한국당 침몰? 그들이 숨기고 싶은 진짜 이유", 〈오마이뉴스〉, 2018년 10월 18일, 이 기고 글을 일부 수정.

15. 강상구, "한국 정치 뒤바꾼 0.179073329%P… 노회찬의 못 이룬 꿈", 〈오마이뉴스〉, 2018년 9월 26일, 이 기고 글을 일부 수정.

16. 노회찬, 《함께 꾸는 꿈》, 후마니타스, 2019년, 210쪽.

17. '썰전', 〈JTBC〉, 2018년 4월 8일.

18. '김어준의 뉴스공장', 〈tbs〉, 2018년 2월 28일.

19. 노회찬·유시민·진중권, 앞의 책, 32~33쪽.

20. 위의 책, 352쪽.

21. 노회찬, 《노회찬의 진심》, 사회평론, 2019년, 79쪽.

22. 노회찬·유시민·진중권, 앞의 책, 358쪽.

23. 위의 책, 381~382쪽.

24. 노회찬, 《노회찬의 진심》, 사회평론, 2019년, 15쪽.

25. 구영식·노회찬, 《대한민국 진보, 어디로 가는가?》, 비아북, 2014년, 179쪽.

26. 위의 책, 111쪽.

27. '정치부회의', 〈JTBC〉, 2018년 4월 20일.

28. '김어준의 뉴스공장', 〈tbs〉, 2018년 6월 20일.

29. 김정윤(인터넷 〈경향신문〉 대학생 기자), "겨울철 낚시꾼이 행복한 이유", 〈바람, 지속가능을 말하다〉(대학생언론협동조합 YeSS), 2012년 11월 16일.

30. 노회찬, 《노회찬의 진심》, 사회평론, 2019년, 137쪽

31. '정봉주의 정치쇼', 〈SBS〉 라디오, 2017년 3월 14일.

32. "20대 총선 창원 성산 노회찬 출마 기자회견문", 2016년 2월 1일.

33. 노회찬 의원 유서.

언제나, 노회찬 어록

1판 1쇄 펴냄 2019년 10월 10일
1판 2쇄 펴냄 2019년 10월 30일

지은이 강상구
펴낸이 천경호
종이 월드페이퍼
제작 (주)아트인
펴낸곳 루아크
출판등록 2015년 11월 10일 제409-2015-000020호
주소 10083 경기도 김포시 김포한강2로 208, 410-1301
전화 031.998.6872
팩스 031.5171.3557
이메일 ruachbook@hanmail.net

ISBN 979-11-88296-33-0 03300